浙江省社科联社科普及课题成果
（课题编号：24KPD12YB）

嘉善历史文化名人丛书

中共嘉善县委宣传部
嘉　善　县　档　案　馆　编
嘉善县名人与乡贤文化研究会

陈龙正传

张　猛　张天杰　著

ZHEJIANG UNIVERSITY PRESS
浙江大学出版社
·杭州·

图书在版编目（CIP）数据

陈龙正传 / 张猛，张天杰著. -- 杭州：浙江大学出版社，2024.11

ISBN 978-7-308-24922-5

Ⅰ. ①陈… Ⅱ. ①张… ②张… Ⅲ. ①陈龙正－传记 Ⅳ. ① B248.99

中国国家版本馆 CIP 数据核字（2024）第 090622 号

陈龙正传

张　猛　张天杰　著

责任编辑　周烨楠　宋旭华
责任校对　胡　畔
封面设计　长　岛
出版发行　浙江大学出版社
（杭州市天目山路 148 号　邮政编码 310007）
（网址：http://www.zjupress.com）
排　　版　苏州叶芝文化传媒有限公司
印　　刷　苏州市越洋印刷有限公司
开　　本　710mm × 1000mm　1/16
印　　张　13.75
字　　数　196 千
版 印 次　2024 年 11 月第 1 版　2024 年 11 月第 1 次印刷
书　　号　ISBN 978-7-308-24922-5
定　　价　78.00 元

浙江大学出版社市场运营中心联系方式：0571-88925591；http://zjdxcbs.tmall.com

总　序

嘉善地处吴根越角，为马家浜文化发祥地之一，在文化发展方面，有着十分丰硕的成果。

嘉善人杰地灵，人才辈出，是全国有名的“巍科大县”。根据历代府志县志记载，唐、宋、元、明、清五个朝代，嘉善共出状元 2 人、进士 213 人、举人 491 人；有著作者 626 人，书画家 162 人。明清历代县志收入的文苑人物多达 788 人，被《四库全书》收入或存目的著作达到 70 多种，其中就有唐陆贽的《翰苑集》《古今集验方》，宋娄机的《汉隶字源》、陈舜俞的《都官集》，明钱士升的《周易揆》、袁黄的《历法新书》，以及清曹廷栋的《老老恒言》等。在书画方面则有吴镇、盛懋、姚绶、项圣谟、许从龙等一大批震古烁今的大家。这些前辈乡贤，为嘉善留下了丰富的文化遗产，值得后辈永远尊敬。

出版名人丛书，意义重大。由中共嘉善县委宣传部和嘉善县名人与乡贤文化研究会等单位组织出版的“嘉善历史文化名人丛书”中，传主有被誉为“中国十大贤相”之一的唐陆贽，有“元四家”之一的吴镇，有被谥为“忠节”的明魏大中，有明万历“嘉兴三大家”之一的袁黄和劝善江南的丁宾、陈龙正。他们或忠贞报国、恪守清廉，或视死如归、忠于职守，或淡泊名利、书画传世，或布道天下、光前裕后。在这些乡贤前辈的风骨深处，蕴含了鲜明的地域文化特征，也为今日的嘉善地域文化建设提供了“善文化”的基因。

嘉善所处的地理区位，在先秦时为吴越争雄之地。当年的吴、越，大致相当于今天的江浙沪，即长三角核心区域。吴是以今天的江苏省苏州市为中心的区域，越是以今天的浙江省绍兴市为中心的区域。吴、越在历史的大融合过程中，分别产生了以“上善若水、兼容并蓄”为标志的吴文化和以“卧薪尝胆、经世致用”为主要内容的越文化。嘉善接受吴越文化的辐射，“长久地镶嵌在吴越两地的边界线上”，得两地之气，“交融汇淬，千年安详”。进入近代以来，随着上海开埠，西风东渐，以“海纳百川、开放包容”为特点的海派文化，又与吴越文化相互交融，不但深刻地影响了历史发展的进程，而且也丰富了嘉善地域文化的内涵，逐渐形成了具有自己特色的“坚韧不拔、敬业争先”的嘉善精神。这也说明古今文化之间具有延续性和传承性。所以，古代的嘉善产生了众多优秀的前辈乡贤，今天的嘉善同样也拥有以顾功叙、高尚荫、沈天慧等中国科学院院士为代表的一大批优秀儿女。

历代志书告诉我们，曾为吴越争雄之地的嘉善，在两汉至三国时期已经得到开发，渐成江南鱼米之乡，文化建设也逐步开展。但嘉善文化繁荣的最佳发展机遇期，则是在宋室南渡以后。

绍兴八年（1138）起，南宋定都杭州近 140 年，其间浙江全省的经济、社会、文化都获得飞速发展。其中文化发展主要反映在三个方面，即教育发达、书籍刊印业发展和藏书楼增加。紧邻杭州的嘉兴（当时嘉善尚未建制，隶属于嘉兴府）是畿辅重地，又是宋孝宗赵昚的诞生地，更是直接接受了京城的文化辐射，取得了先发的优势。因此，这里不仅仅是教育发达、科举鼎盛，还带动了整个社会文化的繁荣。以嘉善的历史文化名人为例，除陆贽等少数人外，大多数都是在宋以后出现的，到明清时形成高峰。这除了说明京畿文化辐射的重要性外（其他方面也同样），也表明嘉善善于抓住这个千载难逢的历史发展机遇，从而促进自身的文化繁荣。

文化现象的出现从来就不是孤立的。回望过去，除了向前辈乡贤表示敬意，也是为了更好地总结前行；展望未来，嘉善站在新的历史起点上，切实扛起两大国家战略的重大历史使命，以中国革命红船起航地的忠诚和担当，迭代升级、再造嘉善，奋力推进“双示范”建设，努力争创社会主义现代化先行示范区，奋力谱写中国式现代化嘉善精彩篇章，以优异的成绩庆祝中华人民共和国成立 75 周年。

是为序。

丛书编委会

2024 年 5 月

陈龙正像

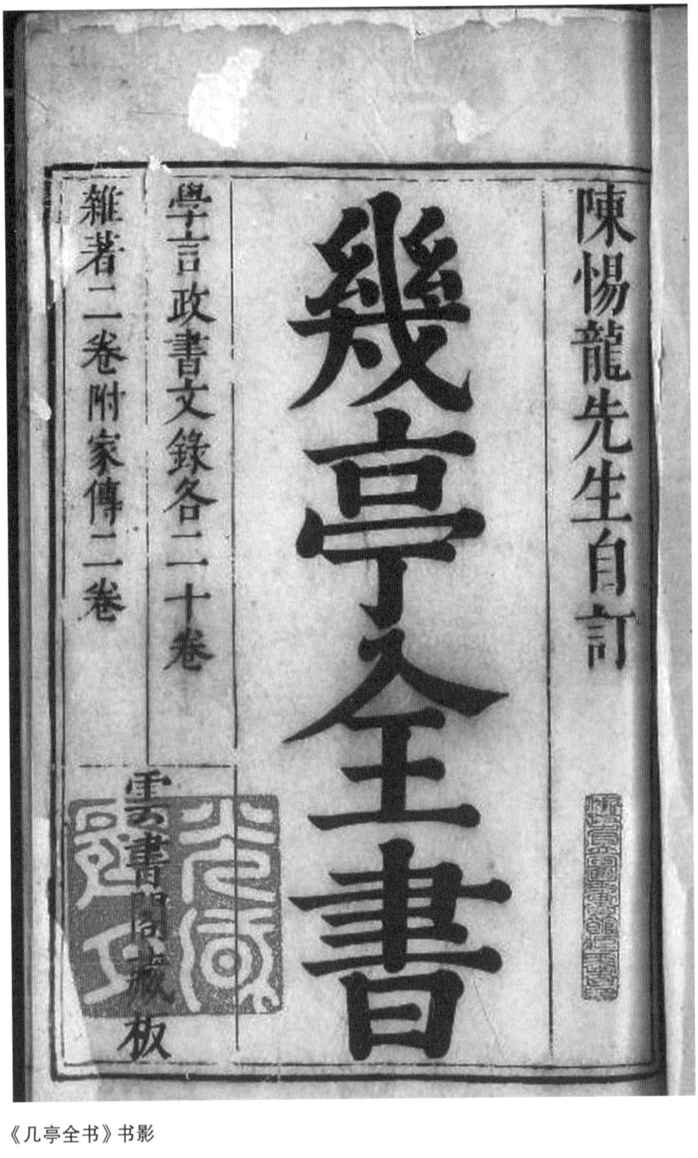
陳愓龍先生自訂
幾亭全書
學言政書文錄各二十卷
雜著二卷附家傳二卷
雲書閣藏板
《几亭全书》书影

目 录

上 篇

下 篇

上 篇

第一章　胥山陈氏

晚明时期尤其是崇祯年间，江南地区频繁受水旱蝗灾侵扰，经济社会遭到极大破坏，加上黄河流域农民起义此起彼伏，北方边境屡遭满蒙铁骑侵犯，江南地区的赋税于是又加重了。内忧外患之下，统治中国二百五十余年的朱明政权岌岌可危。江南士绅之中的一批有识之士，把关注的目光由朝廷转向民间，从乡村慈善赈济等事业入手寻找济世救民之道，陈龙正就是其中的佼佼者。

陈龙正（1585—1645），浙江省嘉兴府嘉善县（今浙江省嘉兴市嘉善县）人，明代著名慈善家、理学家、东林学派殿军，被认为是威望远高于县令的一位特别的士绅。嘉善之所以能产生诸如陈龙正这样的杰出士绅，则又与其独特的历史地理文化的积淀等因素有着密切的关系。

陈氏家族世居嘉兴府嘉善县胥山乡胥五区（今嘉善县大云镇与大通镇一带）。

胥山，又名张山、史山，原不过是高二十多米，面积近百亩的小丘。山上有子胥庙，庙左有石龟；右有磨剑石，长三四丈，有剑痕，山巅有子胥墓。因为嘉善一带几乎无山，所以胥山很被人看重。后来陈氏家族凿石结庐读书于此，名之胥山草堂。

元代大画家吴镇（1280—1354）作《嘉禾八景图》，其七“胥山松涛”即是此地风光，画上题词《酒泉子》：

百亩胥峰，道是子胥磨剑处，嶙峋白石几番童。时有兔狐踪。
山前万个长松树，下有高人琴剑墓。周回苍桧四时青。终日战涛声。

嘉善县原属嘉兴府嘉兴县。明宣德四年（1429）春，大理寺卿胡槩巡抚嘉兴府，以嘉兴县面积广阔、人口众多、赋税繁重、治理困难为由，奏请皇帝划增新县。宣德五年（1430），嘉兴县东北境的迁善、永安、奉贤三乡的全部与胥山、思贤、麟瑞三乡的部分都、里，从嘉兴县划出，另立新县，县治设在位于永安乡七区的魏塘镇。据康熙《嘉善县志》记载，官绅们说因迁善等六乡“俗尚敦庞，少犯宪辟”，故县名为嘉善。明世宗嘉靖年间，嘉善县辖六乡，计十一都，两百余里，当时属于嘉兴府七县中经济欠发达的小县。

陈龙正家族所在的嘉善县胥五区，位于县城东南十余里，是当时县里二十个区之中土地最瘠、贫民最多的乡区。陈龙正后来在其《政书》中就说：“一邑之中，惟本区田最高瘠，人最业聚，耕劳而收薄，富少而贫多。”这正是其慈善救济思想的根源。作为胥五区少数的富户，他除了经常救助贫民外，还在思考既治标又治本的方法。他在《救饥本论》中说：“治天下之病，犹一身然，有治其标者，有治其标即可通于本也，有必治其本而后可达于标者。”面对小荒，采用富户散粮等办法即可，“小惠而补王道之偏，所谓治其标即可通本也”；若是大荒，就需要士绅出来，“为斯民请蠲赋而已”。像陈龙正这样的士绅富户，对当时胥五区的地方治理来说，有着举足轻重的意义。

陈家始祖陈惠，相传由临安迁居嘉善，事迹无从考证。陈家定居胥五区后，休养生息，不断发展，传到陈龙正的高祖南山公陈芬、曾祖西畴公陈基、祖父双桥公陈卿的时代，家族已经颇具规模，且在地方上有了一定声望。关于陈卿，嘉善籍著名学者袁黄（1533—1606）主编的万历《嘉善县志》卷十二之中说，他在灾荒之年将辛勤积攒的一百多石米粟无偿贷给贫民，来年再度灾荒则再捐，受恩不能报的就为其默默祷告：“愿生贵子，以昌而宗。”且不说陈家后人的发达是否与之相关，但陈氏作为慈善之家的基调则由此而奠定了。

陈龙正的父亲陈于王进入仕途之后，陈家地位再度上升，成为嘉善县比较有影响的士绅家族。陈于王，字伯襄，号颖亭，生于明嘉靖三十三年（1554），万历十年（1582）举人，万历十四年（1586）进士，历任直隶魏县、南直隶句容知县，政绩卓越，颇有民望；后调任刑部主事，为照顾祖母丘氏方便，申请改任南京工部虞衡司主事，秉公办事，不畏强权。万历三十五年（1607），出任湖广按察副使，备兵武昌，翦除盗贼，保境安民。三年任期满后，因考核成绩优异，升任湖广布政使司参政。万历四十一年（1613），调任四川按察使，备兵建昌，奉命平定地方少数民族叛乱。陈于王入蜀后，详细了解叛乱情况，于第二年四月抵达潼川。因吏部已安排他人到任建昌，遂辞职回家。万历四十三年（1615）十月十五日，陈于王病逝，数日后还收到福建按察使的任命书。陈于王被公认为是万历朝的“循吏名臣”。万历四十四年（1616），朝廷因其“品著清廉，心存忠正”而赐祭勒碑，并在嘉善县建祠祭祀；其后又入祀嘉善乡贤祠。

陈于王有子二人。长子陈山毓，字贲闻，生于万历十二年（1584），好读书，善文章，尤精于赋，万历四十六年（1618）在浙江乡试中考取第一名，天启元年（1621）病逝。陈山毓有六子：陈献、陈坚早夭，陈舒、陈阜、陈临、陈庞皆能读书上进，不坠家声。陈山毓未曾做官，但积极关心嘉善地方民生事务。据史料记载，明光宗泰昌元年（1620），江南米价高涨，民生艰难，身为举人的陈山毓对当时的遏籴政策提出异议。他严厉批评县衙胡乱作为，将本来不荒的年景弄成荒年景象，又着重强调县衙在平抑物价时，不能只让小民获利而损害富民利益。

陈龙正是陈于王次子，与陈山毓并称“陈氏双璧”。陈龙正生于明神宗万历十三年（1585），原名龙致，字发蛟，寄籍南直隶苏州府吴江县学。明熹宗天启元年（1621）中举人后，改名龙正，字惕龙，号几亭，复归嘉兴府嘉善县籍。明思宗崇祯七年（1634），陈龙正考中进士，历任中书舍人、南京国子监丞。南明弘光政权期间，被授官为礼部祠祭员外郎，但未赴任。清世祖顺治二年（1645），陈龙正得知清军攻破南京、挚友刘宗周（1578—

1645）殉节之后，绝食而死。陈龙正共有五子：长子陈揆、次子陈修、三子陈更、四子陈略、五子陈养；孙辈有陈昌、陈秉、陈哲、陈庸、陈酤、陈伦、陈谋、陈道等。

第二章　孝思少年

明万历十三年（1585）六月二十七日，陈龙正出生于嘉兴府嘉善县胥五区陈家。第二年，陈龙正的父亲陈于王考中进士，后来任句容知县，政绩卓越，颇有民望，与前任的句容知县丁宾同为嘉善人，且都有惠政，故并称“前丁后陈”。

丁宾（1543—1633），字礼原，号改亭，谥清惠，明穆宗隆庆五年（1571）进士，先后从政五十年，曾任句容知县、监察御史、南京大理寺右丞、南京都察院右佥都御史提督操江、南京工部尚书，后累加至太子太保，卒谥清惠。然而他最有影响的是在慈善赈济方面。丁宾在任职期间，体察民众疾苦，积极清理赋税、减少杂役，注重疏浚河道、修筑驿路，严厉整治江防，支持赈济灾民，颇有政绩，深受爱戴；退居家乡嘉善期间，积极从事慈善事业，大力支持教育事业。他乐善好施，常有贷款赈灾之壮举，有人称之为“嘉善古代裸捐第一人”，在中国慈善史上具有很大的影响。陈龙正少年时期就听说过丁宾破家赈灾的善举，这对他后来从事乡村赈灾事业有很大的影响。陈龙正后来与丁宾的从孙女成婚之后，经常到丁家去，与丁宾及其子孙交情甚笃。

丁栅丁氏，世居嘉善永安乡丁家港，也称丁家栅（今嘉善姚庄丁栅集镇），丁宾后来居住在嘉善县城内的永安里。其父丁衮，“倜傥好义”，已经拥有较高的声望。丁宾的长兄丁寅，十八岁时参加县试，被擢为第一，后来两次乡试受折。丁宾则在隆庆五年（1571）考中进士。“二丁之名，轰轰藉甚”，丁宾与丁寅渐渐成为嘉善地方最有声望的士绅。丁宾其实与袁黄一样，“视帖括为刍狗”，也都从事于阳明心学。这应当与当年王阳明（1472—1529）之弟子王畿（1498—1583）等人曾讲学于魏塘思贤书院有关。当时的嘉善也曾是讲学之风蔚然，直到陈龙正的时代依旧不衰。袁黄在其《了凡四训》中说起当年曾与丁氏兄弟一同应试的事：“予屡同诸公应试，每见寒士将达，必有一段谦光可掬。辛未计偕，我嘉善同袍凡十人，惟丁敬宇宾年最少，极其谦虚。予告费锦坡曰：此兄今年必第……及开榜，丁果中式。”在袁黄看来，与众人相比，丁宾虽然年少，但极其谦虚，“谦光可掬”的气象最为难得。后来袁黄还在信中称赞说：“足下真实之心、恺悌之行事，不敢为天下先而举世让步，言若讷讷而能使听者醉心，以至柔而胜天下之至刚，以无为而胜天下之有为，实当世之伟人而理学之巨擘也。”此评价不可谓不高。

等到崇祯四年（1631）陈龙正发起成立嘉善同善会时，丁宾不顾年事已高，仍然积极响应，亲自发动、示范带动嘉善一大批乡绅投入到乡村赈灾中去，给了陈龙正很大的支持。创立同善会的建议，得到了丁宾的认可，他还慷慨捐助了银两。陈龙正在给钱士升的书信中也曾指出：“同善会得大司空翁慨倡，合邑景从，人心风俗自当有转移补救处，非第拯此百数贫人而已。”后来有人甚至认为嘉善同善会的创办者即是丁宾，比如《桐乡县志》就记载：“张公梦泽传自中州，钱公启新行于毗陵，高忠献公行于梁溪，丁清惠公行于嘉善。”由此可知，在同善会创办之初，陈龙正与钱士升虽是主持者，但得到丁宾这样的德高望重的乡绅的推动，则是其成功的关键一环。

陈龙正十一二岁时，因为喜好佛、道，所以时时刻刻想要学习长生术，又试图学作和尚。当时陈于王正在句容知县任上，听闻这样的事情后自然很愤怒，但不加谴责，只是自己反思说：“吾为人无德，居官多罪，致生此儿，可奈何？”又说：“儿为此言，不过避读书耳！”陈龙正知道后，非常惶恐，自此不再提佛、道的事情。

少年时期的陈龙正十分聪颖，深受袁黄的喜爱和赏识。袁黄曾对陈于王说：“公二子皆贤，然少者孝思最深，所至不可量。”陈山毓、陈龙正兄弟当时正与袁黄之子袁俨一同受教于袁黄，他显然对“孝思最深”的陈龙正更加看好。

袁黄（1533—1606），万历十四年（1586）进士，原名表，字庆远，号学海，后改名为黄，字坤仪，号了凡，嘉善魏塘人，明代思想家，古代善学思想集大成者，著有《了凡四训》等书。袁黄少年时期聪明好学，博闻广识，可惜早年科举不顺，后逆天改命，五十四岁考中进士，曾任天津宝坻知县、兵部职方司主事，勤政爱民，政绩卓越。万历二十一年（1593），随军东赴朝鲜，参赞军务，屡立功勋，后因遭嫉妒被主将弹劾去职，返乡闲居，闭门著书。天启元年（1621），朝廷追叙东征功，下诏追赠袁黄为尚宝司少卿。袁俨生于万历九年（1581），去世于天启七年（1627），天启五年（1625）进士，担任广东省肇庆府高要县（今广东省肇庆市高要区）知县，深受其父袁黄影响，勤政爱民，因救灾过劳死于任上，年仅四十七岁，后被吴江、嘉善两地奉入乡贤祠。袁黄和陈于王还是同科进士，情谊深厚。后来袁俨娶了陈于王之女为妻，两家又成为姻亲。此外，陈于王在句容之时，袁黄的善学思想，应当通过陈于王而对陈龙正产生深刻的影响。他曾写信给陈于王说：

> 我辈平日辛勤刻苦，为子孙创业者，死来皆用不着。所可待以瞑目，而释然无憾，惟此修德行义之事而已。……吾辈当深绎积善余庆之说，实为趋吉避凶之事。密密修持，孳孳方便，则受福一分，便可积福十分矣。

陈龙正十四岁开始学习八股制艺，准备沿着父亲陈于王的步伐，走上科举之路。因少年聪慧，又博览群书，陈龙正刚开始下笔时便自觉不凡，文章写得也非同一般，从此便一发不可收。由此之后，他也改正了前些年求佛问道的喜好，转而接受儒家正统思想的洗礼，这为他后来成为一代大儒奠定了基础。万历二十七年（1599），陈龙正跟随父亲陈于王住在南京。当时的陈龙正积极从事科举事业，但不满意授课的老师，于是决定更换老师。后来，陈龙正提出要拜吴志远为师。

吴志远，字子往，号蘧庵，万历十六年（1588）举人，与高攀龙（1562—1626），以及归有光（1507—1571）之子归子慕（1563—1606）往来谈道，醉心理学，又曾在乌程县学、南京兵部等处任职。陈于王与吴志远本来就是好友，陈于王称赞其为“金玉君子”，二人同为嘉善名士，所以吴志远就愉快地答应了陈龙正的拜师请求。陈龙正虽然在学问上最后深受高攀龙的影响，但吴志远则一直是其交往最多的老师，并且渐渐形成了亦师亦友的关系。天启七年（1627），陈龙正曾写信给老师吴志远，此信即《奉吴子往师》，邀请他在寒食节的时候，前往武康十日游，并随函附上写给张云卿的八十寿序以及其《山居图序赞》。后来到了崇祯二年（1629），陈龙正为女儿与吴志远的儿子吴亮中订结姻亲，并商定聘礼等相关事宜。陈龙正曾说，吴志远、袁黄、丁宾、魏大中（1575—1625）四人，就是嘉善县中他最为亲昵和崇拜的人。吴志远“抱世外烟霞之趣”，不热衷于仕途，这对陈龙正以后的政治生活也有很大的影响。

陈山毓、陈龙正能在科举考试方面取得比较高的成就，尤其是陈龙正能考取进士功名、投身慈善事业，与陈家的教育和袁黄、丁宾等乡贤的影响，有着很大的关系。袁黄曾说：“有子弟不能教诲，成何自修？”而丁宾则强调说：“好人独为不成，须子弟僮仆同心学好。”袁、丁两人的言论，通过陈于王而影响了陈山毓和陈龙正。

万历二十七年（1599），陈龙正二十岁，与同邑丁氏订婚。丁氏之祖父即丁寅；其父丁铉，则是国子监生，曾任光禄寺丞。陈龙正说：“余年十五，先公为订婚于丁氏，纳吉之仪，银杯盘各二，加四币耳。时先公官南铨，丁又吾邑甲族，其俭如此。俗观以为盛，有识以为衰，家风日趋于奢，其势难久。”到了万历三十二年（1604），陈龙正迎娶了丁氏，丁氏时年十八岁。丁氏家族是嘉善的地方显贵，而陈氏也是官宦之家，这一婚姻也是门当户对。

万历二十九年（1601），陈龙正作诗《获秋泛饮》，这是他现存最早的诗。全诗如下：

轻舟傍芦去，芦声动衣里。
老僧敲夜鱼，远近来入耳。
□蛙忽跃田，如领月色起。
回首瞻幽斋，寂寂知何涘。
玩山忘其山，玩水忘其水。

“荻秋”即嘉善县祥符荡边的荻秋庵，其名当与唐代白居易《琵琶行》一篇第一句“浔阳江头夜送客，枫叶荻花秋瑟瑟”有关。在此之后，枫叶与荻花成为落寞秋色的最佳写照。吴志远以此名其别业，则寄托其烟霞之志。后来曹庭栋在《魏塘纪胜》之中有诗称赞此地：

万顷祥符漾碧虚，轻船载月访幽居。
数椽茅屋芦花岸，只有孤僧伴老渔。

吴志远中举之后，与高攀龙、归子慕等人交往密切，荻秋庵就是他们讲学交流的地方，由此成为晚明嘉善的士绅活动的文化中心。当年，除吴志远和高攀龙、归子慕外，顾宪成（1550—1612）、丁宾、陈于王以及钱士升等人也经常出入荻秋庵中，成就了嘉善文化史上的一段佳话，流传下来高攀龙《荻秋杂咏》、归子慕《春日过吴子往荻秋庵》等佳作。高攀龙《荻秋杂咏》四首，分别赞颂荻秋庵中的雪鸥阁、点瑟轩、巢居、班荆馆四个景点。

日夕水烟起，细雨渔舟出。
草阁生微寒，主人方抱膝。

曰狂我岂敢，聊尔混樵牧。
闭门春色深，相看柳条绿。

远村人语寂，幽人卧方妥。

夜半闻清钟，明月当楼堕。

无客长闭门，客来共心赏。
去来亦何心，春风芭蕉长。

归子慕的《春日过吴子往荻秋庵》则描写诸人聚会荻秋庵的场景：

迥绝幽栖处，何当春日过。
花开亭午卓，蜂过短墙多。
清世羲皇梦，沧浪孺子歌。
同心吾辈在，天壤乐如何。

荻秋庵，同时也是吴志远教导弟子的地方，魏大中与其长子魏学洢父子、陈山毓与陈龙正兄弟等人曾求学其中。魏大中，万历四十四年（1616）进士，后官至吏科都给事中，为东林六君子之一，大约在此时，他安排其次子魏学濂（1608—1644）与陈山毓之女的婚事。魏学洢（1596—1625）作有《雪鸥阁记》，描绘的正是当时与少年陈龙正等众弟子一同求学于荻秋庵的情景：

雪鸥阁者何？荻秋庵雪鸥阁也。荻秋庵者何？子吴子别业也。

芦花之菼，小楼出焉。冯楼而观之，蹲而伏，戢翼而卧，泛泛焉若随游波而上下者，为雪鸥阁。阁负陆，尔前堤，尔短扉。侧启偃，枝登降，尔乃波涛涳涳焉。步履之下，徐陟之，峨然阁也；风荡之，则扁然舟也。遥望乱苇中，炊烟斜起，小艇倒出者，渔棹往也。旅而歌，椎髻而方筐者，田竖返也。飕飕者，风起于青苹之末也。齿齿者，石也。往来湍涛者，湍相击也。水与天接，介焉者径尺尔矣。

露之晨，星之夕，遽而望之，忽若大江之中，横亘豫章者焉，霍焉开也，廓焉解也，栩栩乎其得之也。长天万里，鹅溪绢也。短篱茅屋，颓枝残雪，疏疏而密密者，龙眠画也。西风摇落，草木萎黄，有怀伊人，川上徘徊，则潇湘而洞庭也。

子吴子尝与玉峰归子、锡山高子，咏歌于其间，谓可以寄趣也。荻秋名焉，阁之为雪鸥何？蹲而伏，戢翼而卧，泛泛焉，若随游波而上下者，冯楼徐观，则类有然者焉，故名尔也。门人魏学洢读书于此，而乐之曰：藏焉脩焉，息焉游焉，趣其寄焉已。

钱士升（1574—1652），字抑之，号御冷，晚号塞庵，未曾登第时与顾宪成、高攀龙等人共同倡导理学，也曾与陈龙正一起在荻秋庵向吴志远问学，并从事周敦颐（1017—1073）、朱熹（1130—1200）之学。万历四十四年（1616）高中状元，授翰林院修撰；因为阉党当政，故于天启初年便以养母乞归，杜门十载，后进詹事府左中允；崇祯四年（1631）为南京礼部右侍郎，崇祯六年（1633）拜礼部尚书兼东阁大学士，参预机务；次年进太子太保、文渊阁大学士，后因抗疏力辩而怒触崇祯帝，于崇祯九年（1636）四月致仕归乡。陈家与钱家亦有姻亲，陈龙正之女嫁给了钱士升之次子钱棅。钱棅（1619—1645），崇祯十年（1637）进士，曾任南都兵部职方主事、吏部郎中、广东按察司佥事等。钱士升在魏大中被难时，也曾竭力营救；陈龙正编刊《高子遗书》之际，钱士升也多有相助；还有陈龙正的赈济活动，一同商讨经营的也是钱士升。据《明史》钱士升本传，他曾上奏皇帝说："郡邑有富家，固贫民衣食之源也。地方水旱，有司令出钱粟，均粜济饥，一遇寇警，令助城堡守御，富家未尝无益于国。"对于富户之家如何在地方救荒、治安之中发挥作用，他的看法与陈龙正是一致的。

接下来几年，陈龙正虽有志于经世济民，也搜集并整理了大量文献资料，但主要还是忙于处理家中事务，故而虽有志于举业，却考运不济，乡试屡败。万历三十五年（1607），陈龙正的长子陈揆出生。第二年，陈龙正的次子陈修出生，后来陈修娶妻于吴江周宗建之女。周宗建（1582—1627）也是东林学派的名士，万历四十一年（1613）进士。万历四十三年（1615）九月中旬，陈龙正的父亲陈于王背疽发作，因庸医误诊，十月中旬逝世。

陈于王病重去世，陈龙正哀痛万分，先后作文《遵先录序》，作诗《秋日感遇》《岁近重阳》等，第二年又作诗《夕泛志感兼呈所知》等，借以表达对父亲的思念之情。在陈于王去世两年之后，陈龙正请著名学者李本宁为陈于王撰写行状，写信《上李本宁先生》。该年，他途经句容，祭拜了陈于王祠，并作诗《过句容初拜先祠》，追思其父在句容的政绩。全诗如下：

雨后生夕阳，淡淡西郭隅。
西郭何所有，祠我先大夫。
念昔为此邦，正当强仕余。
暮带不遑解，晨发不及梳。
琴鹤犹为累，经画忘其劬。
予方处龆龀，梨枣询有无。
风霜二纪来，天人忽乖徂。
遗范不能仰，犹疑堂寝居。
哀号莫我应，居人怪何如。
仆御告之故，妇女皆沾濡。
情真无复言，泪急乃由愚。
屡过乐瞻对，从今非厥初。
哀哉其已矣，勉为守身图。

据《陈祠部公家传》记载：“公尊忠宪之传善至，惟于万翁子有党之说，不肯勉同，谓有累于知人，有始于德世，作群意归相贤。”陈龙正后来受到高攀龙等人的影响，较为亲近东林党人，但对于结党一事一直较为疏远，仅仅作为言官而就事论事，隐身于策论之后。这也与其父陈于王的教导有着重要的关联。

在这几年内，影响陈龙正的主要有两件事情：一是科举考试的不顺，让他感觉自己一事无成，空耗时光，蹉跎岁月；另一是父亲的亡故，让整个家族顿时失去了重心。故而此时期他写作诗文颇多，寄托感慨颇多。

万历四十六年（1618），陈龙正第四子陈略出生。关于陈略，陈龙正的长子陈揆撰文指出：

> 弟略，字子韬，生万历戊午，行四。性明果有识断，见事不疑，闻善则服。每谈睢阳、文山事，辄彷徨慨慕，想见其人。好读书，尤爱经史，裒集至万余卷。……壬午、乙酉，连遭大故，丙戌患脑疽，竟以不起，年二十九耳。

由此可知，陈略聪慧，对于世事多有识断，又喜欢读书，特别是经史之学。文中“睢阳、文山事”则是指唐朝安史之乱时张巡死守睢阳十个月，为唐军平叛争取了时间；南宋末年文天祥（文山）在国破之际组织义军苦战报国，被捕之后又誓死不降。从对于张、文二人的追慕，可见陈略少年时代就胸有大志。两年后，陈龙正第五子陈养出生。

陈家在县城的宅第，位于魏塘河畔，魏塘河正是县城内的主干河流，自西向东穿城而过。当年嘉善建县的时候，胡槩本想选择西塘镇为县治，精通风水之学的著名士人，也即袁黄的曾祖袁颢则提出，可以选择地势平整的魏塘镇作为县城所在。经过一番考察之后，最终确定魏塘镇为县城。陈家与袁、丁二家邻近，在东亭桥之东侧，原属王黄坊，曾有王黄庙。据曹庭栋（1700—1785）《魏塘纪胜》记载，陈龙正当年讲学处有“洁梁堂”，此堂因为家人违反了不演剧的家训，于是他命人用水洗梁，故得此名。在万历四十八年（1620）这一年，陈龙正在嘉善县城重新构筑居所，朴素不尚雕饰。中堂题名“宝生”，内室题名“明发”，分别有对联：

> 志气清明谓之真善事，门庭勤俭庶以答康年。

> 早起晏眠便是兴家粗本领，出言举步从来教子实工夫。

另外设有书斋，也有对联：

> 一生三事一事收心一事慎行一事守口，一日三分一分应物一分静坐一分读书。

从陈龙正的新居题额与对联来看，陈龙正此时已经深刻领悟处世为人的道理：一方面必须注意养生修德，通过静坐来保养，还要注意收心，待人处世谨言慎行，适可而止，最多也就花费三分之一的工夫；另一方面必须注意家庭教化，作为家长需要带头早起晏眠，一言一行都作为教育子女的表率。

天启元年（1621）年末，陈龙正的兄长陈山毓病逝，年仅三十八岁。陈龙正为陈山毓编订文集，并且私谥“靖质”。第二年，陈龙正的母亲盛氏，因长子陈山毓英年早逝而悲伤过度，也随之逝世，享年六十九岁。天启三年（1623），陈龙正合葬双亲陈于王、盛氏于祖茔。然而祸不单行，天启四年（1624），陈龙正第三子陈更病逝。陈龙正在《更儿志石》中写道：

> 第三儿名更，字知求，生十四而殇。余在京师，不及见，甚哀之。今葬之始祖墓后百步，寒食拜扫，及以余沥。尊长则遣侍者揖献，卑幼则亲诣穴所，再揖勿拜。物从廉，礼从简，期可久也。

陈龙正为儿子陈更取字“知求”，寄托颇远，可惜年十四而亡，死后安葬在祖墓边上。天启六年（1626），陈龙正邀请画家为他与诸子彩绘天伦图。陈龙正亲自记载了诸子的样貌，并写下赞与序，即《天伦图赞》并序。后来，陈龙正还为长子陈揆文集题写序言《长子揆文序》，并期许他能够成就变化存身的龙蛇之篇。对于家庭人伦之乐的重视，也是陈氏家族几代人的特点，而对于子弟存有龙蛇之期许，鼓励他们志存高远，则是陈氏家族家教成功的关键。

第三章　东林后学

晚明时代，江南士大夫成为历史舞台上的重要力量，陈龙正为高攀龙的弟子，故而被贴上了“东林”这一标签，深刻影响了其政治与学术的发展。

明末党争，大约起于万历二十二年（1594）的“京察”，直到弘光元年（1645），始终未能停息。一开始是东林党与浙、齐、楚三党之争，到了天启年间，因为浙、齐、楚、宣、昆各党一度被东林党人叶向高、邹元标、杨涟、赵南星等人所排挤，故而他们与阉宦魏忠贤结成联盟，于是演变为东林党与阉党之争。

万历二十二年，顾宪成被革职还乡，于是与高攀龙、钱一本等人在无锡重修东林书院。讲学之余，他们还讽议朝政，与在朝的李三才、赵南星等人交结，主张开放言路，并对朝政实行改良。天启年间阉党形成之后，杨涟、左光斗等人因弹劾魏忠贤而被捕，后来魏大中、黄尊素、周顺昌、左光斗等人都被杀害。魏忠贤还派人编成《三朝要典》，借梃击案、红丸案、移宫案为由，称顾宪成等因东林书院讲学而结成的政治团体联盟为“东林党”，甚至还制造《东林点将录》，企图将所谓“东林党人”一网打尽。天启七年（1627）崇祯帝即位之后，魏忠贤被捕，大批阉党获罪，然而党争却还远远没有结束。

自从万历二十九年（1601），陈龙正拜师东林名士圈中的吴志远之后，断续受到其师的影响，喜好周敦颐、朱熹的理学，然而对立身心之学的体证却并不深刻。到了天启元年（1621），陈龙正再度与他的老师吴志远在南京会面。他在老师的点拨之下突然醒悟，觉得往年对于仕途经济的热衷，均属可耻。于是，开始重新反求之于身心，从而寻找经世的根本。他认为“着落在人伦，关键在存诚，推行在爱人，随处体认，多所会悟”。这一次的证学，当为陈龙正创立其以“生生”为宗旨的学术思想的一次重要契机。也就在这一年，陈龙正举顺天府乡试经魁，榜名为龙子，名列第三，在不经意间却是打开了仕途之门。

天启三年（1623）的时候，陈龙正发现过去用针灸的方式治疗痰疾，不仅穴位错误，而且不得其法，多年没有效果。于是，他听从友人的意见，改用饮食调理的方式，忍过一段时间的肠胃之痛后，二十年来的痼疾竟然因此得愈，为此，陈龙正作文《艾功记》。对于身体的调理，其实也与其讲求身心之学、进行内在的思想修养有一定关联。

对陈龙正的学问影响最深的，则是东林学派的代表人物高攀龙。天启五年（1625），党祸大作。四月二十四日，陈龙正的同学兼好友、陈山毓的亲家翁、东林名臣魏大中被阉党逮捕，震动江南，嘉善士民号哭哀痛的多达万人。高攀龙先后到吴江平望（今江苏省苏州市吴江区平望镇）、无锡锡山（今江苏省无锡市锡山区）等地迎候关押魏大中的囚车。陈龙正也不避嫌疑，毫无畏惧，一直伴送魏大中到了锡山。陈龙正在无锡之时再度谒见了高攀龙，并正式拜高攀龙为师，并且“证学累日”。所谓“得复约身心之学”，这也就是陈龙正创立其以“生生”为宗旨的学术思想的另一次重要契机。

高攀龙，生于嘉靖四十一年（1562），逝于天启六年（1626），字存之，号景逸，南直隶无锡（今江苏无锡）人，万历十七年（1589）进士。初任行人司行人，因得罪首辅王锡爵（1534—1611）而被贬为广东省揭阳县典史。后辞官归家，与顾宪成等人重建了北宋二程弟子杨时（1053—1135）曾经讲学的东林书院，讲学二十余年，成为晚明思想界中东林学派的代表人物，同时也成为政治团体东林党的代表人物。天启元年（1621），高攀龙重获起用，历任光禄寺丞、太常少卿、大理寺右少卿、太仆卿、刑部右侍郎、都察院左都御史等职。天启六年（1626），魏忠贤（1568—1627）打压东林党人，高攀龙不堪其辱，沉池自尽。崇祯元年（1628），魏忠贤及其党羽覆灭之后，朝廷为高攀龙平反，追赠太子太保、兵部尚书，谥忠宪。

陈龙正作为高攀龙的重要弟子，在学术思想和社会活动等方面都深受高攀龙的影响。起初陈龙正以文章经济自负，但至中年后则悔其无本，于是一意反求身心之学，方才形成其独特的"有体有用之学"。他的这一转变也与证学于高攀龙有着重要的关联。在学术思想方面，高攀龙学以正人心、正学术、正政事为己任，倡导性善、务实，坚持习与悟并重、本体与功夫并重，传承程朱理学，弘扬经世致用之学，其学术思想直接影响了陈龙正生生之学的生成；在社会活动方面，陈龙正倡导成立并主持多年的嘉善同善会，也脱胎于高攀龙主导的无锡同善会。正是在高攀龙、陈龙正师徒的持续努力之下，同善会这一民间慈善组织，从晚明到清初，从无锡一地开始到在江南各地遍地开花，对赈济乡间贫民灾民、加强基层社会治理等发挥了重要作用。

高攀龙去世之后，陈龙正主持了其文集的编纂工作，编成《高子遗书》十二卷。崇祯四年（1631），陈龙正与钱士升商定高攀龙文集的编辑方式。他们按照先论道、后论事的原则，把高攀龙文集分为十二类，编次成卷。其中，万历四十二年（1614）及以前的文章编为正集，万历四十三年（1615）及以后十余年间的文章编为续集。陈龙正为《高子遗书》作有总序以及十二类的小序，以及跋《高忠宪别友书》等。后来黄宗羲（1610—1695）编撰《明儒学案》，将陈龙正列为东林后学最后一人，正是基于高攀龙与陈龙正师徒之间的深厚情谊与学术传承。

此后一段时间之中，陈龙正还经常与归有光之子归子慕出入吴志远隐居的荻秋庵，吟诗作文，隐隐然有超然物外之气象。他还常常到岳父丁铉家里读书学习，并与丁宾等人探讨经史，又时常流露出经纶天下之志向。此时，陈龙正以万物一体为宗旨，仰法圣贤，躬行实践，还未进入仕途就以匡济天下为己任，因此被认为是高攀龙诸弟子中的"乔松孤鹤"。邹锺泉《道南渊源录》之《杂记》称赞："明善以自治，自治以治人，治人则必旁通乎古今事物之变。"

崇祯元年（1628），虽然新君登基，但有人怀疑朝中官员依旧会与内廷宦官魏忠贤等人联通一气，故而是治是乱尚未可知。陈龙正对此给予批驳，他认为士大夫只有奏对必诚，拔擢贤才，才能够得到崇祯帝的信任。后来果然在崇祯帝的谋划以及士大夫的支持之下，一举除去了魏忠贤及其党羽。

受高攀龙等东林学派的影响，陈龙正对嘉善的地方治理事业十分投入。

崇祯三年（1630），江南地区发生大灾荒，现属上海的宝山、嘉定、崇明，现属江苏的武进、江阴、靖江，现属浙江的乌程（现属湖州市）、桐乡等地，都有春季大旱、夏季稻作歉收、秋冬大疫等灾荒发生。灾荒导致嘉善等地米价大幅抬升，乡村百姓生活极其困难。据陈龙正文集记载，触目所及，灾民遍地，有的无力生存下去的穷苦村民，抱着只有半岁的孩子，沿街挨门挨户地祈求富人家收养；因为孩子无人收养，他们就来到嘉善县城东门的罗星桥附近，将饿得奄奄一息的子女投入河中溺死。也就是从这一年起，陈龙正开始积极筹划救荒活动。他不禁叹息，馁病而死、弃捐而死的不知还有多少！他的乡村赈济事业，“一方富室救一方贫民之法，亦施行于此”。

崇祯四年（1631），正值地方赋役造册，陈龙正提倡均役，试图减轻地方赋役。有感于会试时科场门户太窄，他上奏朝廷，希望开辟新门，拓建科场。

对于争议数十年的嘉善县与嘉兴县、秀水县“争田事件”，陈龙正提出了“复田说”，详细论述同府三县争田事件的始末。争田事件肇始于宣德五年（1430）的嘉兴分县改革，但由此导致的县域边界错杂和利益分配不均，最终导致万历九年（1581）之后争田事件不断发生。经过万历年间四次大会勘，三县政府与民间达成一致，为争田事件做出了一个定案。但在崇祯年间，三县百姓利用上京解运白粮（明清时期，朝廷在南直隶苏州府、松江府、常州府和浙江嘉兴府、湖州府等江南五府所征，专供皇室和朝廷官员食用的额外漕粮）的机会，上疏朝廷，互相指责对方对田粮的欺隐。这是三县民间对已定案的争田事件的否定，反映出了民间对地方政府利益分配不均的激烈抗争。

陈龙正是嘉善人，故特意撰写《复田说》一文为嘉善辩驳。他认为，过去田粮缴纳情况已经一一查明，现在年久事远，嘉兴、秀水方面要想重新勘查丈田，不过是想“设难竟之局”，故意挑起事端，混淆政府视听。到了崇祯十年（1637），浙江巡抚邓金弘、乔可聘向熟悉嘉善、嘉兴和秀水三县情况的陈龙正询及争田事件始末。陈龙正表示，处理三县争田纠纷，应当根据县域地界，重新厘定田、粮归属，“田在嘉、秀界内者输粮嘉、秀，在嘉善界内者输粮嘉善”，单纯丈量田地并不能清除积弊、解决问题。因此他提出，首先必须以嘉善设县时的相关文件为依据，清晰划定嘉善、嘉兴、秀水三县的县域边界，然后各自丈量县域内的田地亩数，据疆辖田，按田征税，如此才能彻底解决争田事件。这一说法立场鲜明地体现出他对嘉善地方的维护。在陈龙正生活的年代，三县争田事件确实已经成为“难竟之局”，事情的原委和事实的真相早已湮没在历史深处，所以在明清易代以后，直到清圣祖康熙年间，三县在田粮方面仍然不时出现新的争端。

陈龙正的地方治理事业，最为重要的就是组织同善会。崇祯五年（1632）春季，陈龙正在丁宾、钱士升等人的支持下，成立嘉善同善会并举行第一次会讲，并作有《同善会约》。自此至崇祯十七年（1644）明亡为止，每年四季，嘉善同善会都会举办会讲。支持同善会的还有同里的周丕显、魏学濂等人。据《重修嘉善县志》记载，周丕显是天启元年（1621）的亚魁，与陈龙正一样都热心于地方事务。魏学濂则是魏大中的次子，崇祯帝清除魏忠贤一党之际，魏学濂刺血上《痛陈家难疏》，诉说其父魏大中受冤狱、兄魏学洢死孝之惨状，并在其父兄遭遇党祸后担负起家族的责任；崇祯十六年（1643），魏学濂考中进士，擢庶吉士，明亡后自缢殉节。同善会创办之时，魏学濂只是生员，但此时魏大中、魏学洢父子已得昭雪，并被表彰为忠孝节烈，故魏家在嘉善的名望也极高。

同善会是由著名乡绅发起、地方精英主办的慈善组织，常年举行救赈贫民的活动，是当时江南地区民间救灾的主要组织之一，创始于高攀龙，完善于陈龙正，流行于晚明及清代，民国时期仍在民间具有一定影响。这种慈善组织有效发挥了赈济贫民功能，甚至还带有辅助乡约的教化功能。陈龙正指出："官府讲乡约，有劝有戒……这会只当是讲乡约的帮手。"他在嘉善地方定期主持开展同善会活动，并亲自发表了数十次"讲语"。陈龙正主持之下的嘉善同善会，在一定程度上起到了社会秩序整顿功能，与乡约之类的社会组织起到的功效有类似之处。

崇祯五年夏季，嘉善同善会举行第二次会讲；秋季，嘉善同善会举行第三次会讲。陈龙正又与曹勋商议，如何规划漏泽园掩骸的相关事宜。曹勋（1589—1655），字允大，号峨雪，嘉善人，崇祯元年（1628）进士，官至礼部右侍郎，明亡不仕。与陈龙正等人一样，曹勋热心于嘉善地方事业，还擅长文学，其孙辈如曹尔堪（1617—1679）则为清初著名词家。曹尔堪之子曹鉴平娶陈龙正四子陈略之女为妻，故陈、曹二家后来又有了姻亲关系。陈龙正还与贡修龄商议，如何减轻南运与北运对于民众的负担。贡修龄（1574—1641），字国祺，号二山，江阴人，当时正负责浙江漕运，最初将陈圆圆从戏班中赎出来的人就是他的儿子贡若甫。嘉善县所在的江南地区自唐宋以后一直是国家的财赋重地。晚明时期，江南赋税轻重与苏北、河北等地悬差甚大，如苏州府额田九万顷，岁征额粮二百七十万石，连带损耗共需缴纳税粮三百五十万石，而淮安府额田十八万顷，岁征额粮只有三十六万石；松江府三县岁征额粮一百二十多万石，而北直隶一百一十七县岁征额粮也只有一百二十万石。晚明清初著名学者顾炎武（1613—1682）指出："韩愈谓赋出天下而江南居十九。以今观之，浙东、西又居江南十九，而苏、松、常、嘉、湖五府又居两浙十九也。"明代民运白粮入京师，南方地区只存在于苏州、松江、常州、嘉兴、湖州等五府，体现了朝廷对江南税粮的重视。明太祖时期，首都设在南京，地处江南，江南五府送粮入京困难不大；明成祖迁都北京之后，江南五府送粮入京，则需要长途北运，不但路途遥远，还要受到层层盘剥，运粮百姓苦不堪言。白粮北运成了江南五府民众的沉重负担。嘉善县地方的粮役，也以"北运"为重烦。陈龙正《乡邦利弊考》指出：

> 三十年前，粮长愿佥此役，近甚苦之，盖因埠头横索牙用，每船扣银四十两，多者五十两，船户既受埠头之勒索，势不得不从粮

长取偿，用是雇船之价，数倍于前，沿途需诈，复难限计。

当时，粮长一般从地方富户中挑选，明代苏州、嘉兴等江南五府北运白粮，都由地方上家境比较殷实的粮长佥运，许多富户因此破产。为缓解富户之忧，陈龙正提出可由乡绅充当粮长北运白粮，如此一来就可以不用查报大户，从而做到“安富以保贫”，使得富户不用苦于供应，贫民也能够从中获得更多的依赖。陈龙正的看法，代表了晚明江南地区部分士绅和地方官员的共同意见。丁宾也曾指出，一个县中，如果富户比较多，那么贫苦民众就不会遭受很大困难；反之，如果富户丧失家财，贫苦民众也不会因此享福。这与当前扩大中产阶层的做法，有异曲同工之处。当年，有感于王阳明的事功，足以为当世所借鉴，陈龙正编纂了《阳明先生要书》。该书内容分为《传习录》及书、诗、奏疏、文移、策序、记说题跋杂著、墓表祭文等八类，并作文《〈阳明先生要书〉序例》等。

到了崇祯六年（1633），春季，嘉善同善会举行第五次会讲；夏季，嘉善同善会举行第六次会讲；秋季，嘉善同善会举行第七次会讲。此时陈龙正走访温州，针对防范海寇，提出六条建议。隔了一年，等到崇祯八年（1635）夏季，嘉善同善会举行第十四次会讲之时，陈龙正因为要外出为官，故又与诸人订立崇祯八年以后同善会赈贫平粜事宜，并选定于夏秋间举行，以弥补同善会平日赈济的不足。陈龙正还强调选用地方人才的重要性，向时任江南巡抚张国维（1595—1646）推荐蔡懋德（1586—1644）、沈君儒、张采（1596—1648）、周知微作为治理县务、规划军务的人才。

另据黄宗羲《明儒学案》卷六十二记载，崇祯七年（1634），魏大中之子魏学濂为父举行葬礼，特请与高攀龙并称大儒的刘宗周题写神位。因为黄宗羲之父黄尊素也是魏大中的友人，故刘、黄二人同去同回：

先生题魏忠节公主，羲侍先生于舟中。陈几亭以《与绍守书》呈先生。先生览毕付羲。其大意谓：“天下之治乱在六部，六部之胥吏尽绍兴。胥吏在京师，其父兄子弟尽在绍兴，为太守者，苟能化其父兄子弟，则胥吏亦从之而化矣。故绍兴者，天下治乱之根本也。”羲一笑而置之，曰：“迂腐。”先生久之曰：“天下谁肯为迂腐者？”羲惕然，无以自容。

刘、黄二人在嘉善的具体情形此处未曾说起。他们曾经在从嘉善回绍兴的船上，讨论了陈龙正一通书信中的观点。因为六部的胥吏大多出自绍兴，胥吏在京而其父兄子弟尽在绍兴，若是绍兴官绅能教化那些胥吏的父兄子弟，也就可以转而教化六部胥吏，所以陈龙正指出“绍兴者，天下治乱之根本也”。当时黄宗羲嘲笑陈龙正“迂腐”，然刘宗周却说“天下谁肯为迂腐者？”这一句话，让黄宗羲猛然警醒。

当时陈龙正正好已经完成了《高子遗书》的编刊，此次刘宗周因嘉善之行，便获赠一部。黄宗羲后来在《明儒学案》中说：“今日知学者，大概以高、刘二先生，并称为大儒，可以无疑矣。然当《高子遗书》初出之时，羲侍先师于舟中，自禾水至省下，尽日翻阅。先师时摘其阑入释氏者以示羲。”他们在船上的时候翻看了《高子遗书》，刘宗周曾说高氏之学“阑入释氏”，也即多受佛学的影响。

还有必要说明的是，东林学派的陈龙正、吴锺峦二人，虽说主要问学于高攀龙，但又曾在刘宗周在京城讲学之时前去听讲，故他们被人视为刘宗周蕺山学派的弟子。董瑒（约 1615—1692）《蕺山弟子籍》所著录的蕺山弟子八十人就包括此二人。吴锺峦（1577—1651），字峦稚，武进人，出入文社、讲会四十多年，崇祯七年（1634）进士，曾任长兴知县、桂林府推官，鲁王监国时的礼部尚书，后自焚而死。事实上，蕺山学派与东林学派虽然有一定的关联，刘宗周也曾问学于高攀龙，但就学术渊源、学术性格、学术影响等诸多方面来看，二者之间还是有着很大差异，故不可轻易将陈龙正归入蕺山学派。

第四章　侃侃直臣

崇祯七年（1634），陈龙正考中进士，因为名列三甲之末，不能立刻授予官职，需要有守部三年的见习期。受召于朝廷，故他希望崇祯帝能够信任士人，选贤与能。陈龙正请假返回嘉善，对于家乡的利弊诸事，他都慨然而论。陈龙正在其《政书》中指出："居是乡，则筹是乡之利弊。留心于近而不能通天下者有矣，未有忽近而明远者也。"此时丁宾已在前一年逝世，陈龙正在写给丁氏兄弟的书信中，盛赞了他们的伯祖为官之时的种种德政，并且商议谥号与恤典，认为应以"清惠"为宜。

为避免当地富豪利用陈龙正吴江县籍寄田避役，造成赋役的混乱，于是，陈龙正向当地的县官申明，自除吴江县籍。当年，陈龙正的同年、吴江知县、浙江德清人章敬明开始展开编定赋役、厘剔田粮花分诡寄之弊的全面工作，对吴江地区的田粮征解诸事十分尽心。当时，陈龙正即写信给章敬明，信中详细说明了一些与陈家有关的重要事项。第一件事，陈龙正当年入籍吴江县学，在天启元年（1621）援例进入北京国子监，后改回浙江嘉善县籍，考中顺天乡试，并在崇祯七年（1634）考中进士。参照嘉善县的惯例，获赠用于建造进士牌坊的官银一百两，这笔银子，已经告诉当年的吴江知县辞了去，章知县可以查明，以杜绝他人冒领。第二件事，陈龙正本人世居浙江嘉善，其父陈于王是朝廷官员，陈家赋税优免自有定额，从无尺寸之土地在南直隶吴江县内。因为他曾寄籍吴江入学，而且在天启元年以后，曾以"陈成"之名在吴江县编立一户，因而在嘉善和吴江两县地方都可以享受优免的待遇。为此，陈龙正要求吴江方面查清情况，并在赋役册籍上删除“陈成”户名。第三件事，凡在吴江县内的陈家亲戚，大多都属于官宦后裔，各自都有谋生手段，如有在县学考试推荐儒生，或者代替别人撰写词讼的，都是假冒陈家的不端行为，吴江县衙可以立刻法办，以绝后患。第四件事，陈龙正表示平生不敢嘱托有司办理他个人或陈家的私事，只有与民生休戚相关的事情，他碰巧耳闻目睹，而且对县政也有所裨益，他才会偶尔向官府递交条陈。

该年陈龙正拜谒了大儒刘宗周，自此相与订交。刘宗周（1578—1645），字起东，号念台，浙江省绍兴府山阴县（今浙江省绍兴市）人，著名理学家。万历二十九年（1601）进士，曾任礼部主事、通政司右通政、顺天府尹、工部侍郎、吏部侍郎、都察院左都御史等，亲近东林党人，屡次复起，屡遭革职。顺治二年，清兵攻陷杭州的消息传到绍兴之后，刘宗周绝食二十三天，闰六月初八日逝世。刘宗周为学“上承濂洛，下贯朱王”，提倡“诚敬”为主、“慎独”为功，因讲学于蕺山证人书院，学者称其为“蕺山先生”。黄宗羲、陈确（1604—1677）、张履祥（1611—1674）、陈洪绶（1599—1652）、祁彪佳（1603—1645）等明清之际著名学者均出自其门下，世称“蕺山学派”。

到了崇祯九年（1636），陈龙正到北京正式受职，分校顺天府乡试。崇祯十年（1637），京城的士大夫创行掩体会，陈龙正为之写序，记录掩体会的形成缘起。该年陈龙正见习结束，正式被授予中书舍人的职位。二月，陈龙正上奏乡试谒选名单，但名列卷末的胡维孚素行不端，引起舆论对于考选的质疑。陈龙正分别于四月二十七日、五月初七日、五月二十一日、六月初一日、六月初六日，共五次上疏为考选一事辩解。

继《阳明要书》后，陈龙正又与刘宗周的弟子金铉一起参订《朱子语类》。金铉（1610—1644），字伯玉，祖籍南直隶武进，后入籍顺天府，天启七年（1627）举顺天府乡试第一。崇祯元年（1628）考中进士，历任扬州府学教授、国子监博士、工部主事、兵部主事等职。李自成（1606—1645）农民起义军攻克北京之后，金铉朝服拜母而哭曰“职在皇城，他非死所”，随后至御河投水而死，年仅三十五岁。金铉的母亲章氏、妾王氏、弟金鋐等人，相继投井而死。金铉与陈龙正是至交好友，与陈龙正以理学相互订交。在他们往来的书信之中，常常讨论到士大夫个人的进退、学术传统的争议。在朱之冯推荐陈龙正担任户部尚书时，陈龙正曾经通过金铉转达婉拒之情。金铉对于陈龙正个人的出处进退的志愿，是能够予以同情、理解的。

接下去两年，陈龙正开始积极上疏，他的倡议也得到了崇祯帝与诸多臣僚的认同。崇祯十一年（1638）五月，天象出现异常，荧惑守心，崇祯帝下诏修省，其中有“衷恳上帝”等语句。陈龙正有感圣论，先后上《养和》《好生》两疏，其中说：

> 回天在好生，好生无过减死。皋陶赞舜曰“罪疑惟轻”，是圣人于折狱不能无失也。盖狱情至隐，人命至重，故不贵专信，而取兼疑，不务必得，而甘或失。臣居家所见闻，四方罪犯，无甚穷凶奇谋者，及来京师，此等乃无虚月。且罪案一成，立就诛磔，亦宜有所惩戒，何犯者若此累累？臣愿陛下怀帝舜之疑，宁使圣主有过仁之举，臣下获不经之愆。

一方面要对“民间死罪细求疑情”，因为“好生无过减死”，故而提出疑罪则当从轻，更何况狱情隐微而人命至关重要，不可“专信”而当“兼疑”，故宁可有“过仁之举”；另一方面提出“辅臣不专票拟，居恒则位置六卿，有事则谋定大将”，内阁大臣在处置大事之时，应当与六卿、大将协商而定。这些言辞凄怆恳恻，表面是在讲罪案惨烈，实际上也暗怀了对“东厂缉事尤冤滥”以及君主处置不当的不满，士大夫知道后，莫不叹服。第一疏上时，正逢孙承泽（1593—1676）值守，接内批条纸说：“中书舍人陈龙正五月十五日一本，因地感天事；二十八日又一本，再克好生之仁事，取看。”孙承泽随即缴进。崇祯帝合观久之，乃批二疏发出，亦可以说是极为留心了。在其第二疏上虽然只批了“该部知道”几个字，但在此疏之批发出七八日之后，崇祯帝果然下谕东厂负责人王之心，“不得轻视人命”。

该年七月，陈龙正出使鲁藩。当年冬天，京城戒严，崇祯帝下诏要求诸大臣推举能够担当总督、巡抚之任的贤才，监察御史叶绍颙（1594—1670）举荐了陈龙正。无独有偶，此后不久，刑部主事赵奕昌上疏请求访天下真贤才，崇祯帝让他推举人选，赵奕昌也推荐了陈龙正。但是，遗憾的是，崇祯帝并未采纳这两人的意见。所以在相当长一段时间里，陈龙正一直在边缘部门任职，没有得到提拔重用，但是他仍然喜好上疏言事。该年另作有《冬至迎阳疏》《再充好生之仁疏》《特阐撰职疏》《再阐撰职疏》等。

崇祯十二年（1639）二月，京城大风飞扬，“天黄日眚，浃旬不解”。陈龙正应诏条奏，大概意思是要崇祯帝“听言省刑”，也就是广开言路与减省刑罚。此时，陈龙正提出了“乞休”，但是没有得到批准。三载考绩届至，陈龙正被授予征仕郎，赠其父廉宪公陈于王为通议大夫。再度奉诏陈言，陈龙正顺势提出垦荒的策略。后又再度分校顺天府乡试，参与会典的修订，于七月题委，八月入闱分校，九月受事。

该年十月，天象异常，出现彗星，这在当时世人心中是一个不祥的征兆。陈龙正就此进言：“事天以实不以文，臣更进之曰：事天以恒不以暂。何为实？今日求言恤刑之实是也。何言恒？自今以后弗忘此求言恤刑之心也。”古人常讲“事天以实不以文”，而陈龙正则提出“事天以恒不以暂”，又一次提出“求言恤刑”，并要将“求言”与“恤刑”落于实地，且落于心中，时时刻刻不能忘记。由上可知，陈龙正要求慎刑省罚、重视人命的思想，是将具体的实践操作与背后的心性理论考量密切结合起来的。这也可以说是其生生之学的一个方面。

十一月，冬至之时，气候反常，雷电雨雹不断上演。崇祯帝将进行郊天礼，陈龙正请求“正郊期”，并作了五六通奏疏进行说明。《请正郊期疏》中说：

> 先王以至日闭关，而后世以至日郊天，于礼殊戾。孔子对定公曰：“周之始郊，其月以日至，其日用上辛。”夫冬至不恒，遇辛则用辛，

必冬至之月明矣。云至日者，则为冬至之日。云至者，则是日至之月，而非本月也。

他认为古代先王提出“至日闭关”，后世则“以至日郊天”，其实是违反礼仪的。冬至这一节气并不恒定，有时候正好是辛日，有时候则不是辛日，故不必用冬至这一日，而应当在冬至这个月，用冬至日之前的一个辛日郊天。崇祯帝特命阁臣会部议奏，最后认为陈龙正所说的上辛之日不便，应当仍用至日。陈龙正又上疏《郊祀考辨疏》，他认为：

古帝王郊天，不用至日，《家语》孔子对定公曰：“周之始郊，其月以日至，其日以上辛。”《郊特牲》曰：“郊之用辛也，周之始，郊日以至。”王肃曰：“周之郊祭于建子之月也。用辛日者，以冬至阳气新用事也。”臣谨按上辛，谓日至之月，第一辛日，如冬至在十一月下旬，则用仲辛，冬至在十一月初旬，本月无辛，则用十月下旬。

陈龙正列举了《孔子家语》与《礼记·郊特牲》等文献以及王肃（195—256）的观点，认为应当用的辛日，是指冬至之日未到之前的那个辛日，也即以冬至前的阳气来郊天。若冬至之日在十一月下旬，就要用仲辛，也即该月的中旬的那个辛日，比如崇祯十二年（1639）十一月二十八日辛巳冬至，则宜十八日辛未之日，行礼于南郊；若冬至之日在十一月初旬，那么就要用十月下旬的那个辛日了。崇祯帝在奏疏上批数十言，并从容清问，最后内阁、礼部都有不满。然陈龙正依旧三疏四疏再上，进行反复的辨正，具体则有《再申至月上辛之义疏》《郊期咨应》《遵旨详悉再奏疏》《分旬两用辨》等，讲明礼仪。最后他将这些奏疏汇编为《郊期咨应》一书，希望此礼能够明于后世，另外还著有《东天民传》以表达自己的学术见解。这一年内，陈龙正上疏议政颇多，除了上述之外，主要还包括《遵旨陈言疏》《生财平寇疏》《漕运议》等，可以说是对于当时的各种重要时政，都有辨析。

另外，此时陈龙正继续当年与金铉一起探讨的理学，开始进行《朱子经说》的编定。他还在《示揆修略养》之中，为其子讲述如何研习《四书》。另外还有《参订朱子语类序》。

第五章　大明忠烈

崇祯十三年（1640）春季，梅雨成灾，苕西一带田禾全被淹没，再加上明廷催科甚急，嘉善县一带颇有流离破家的隐忧。仲秋，陈龙正奉命册封卫辉府，请假返乡，遇到嘉善灾荒，开始规划相关的救荒事宜。十一月，为能够预留米粮以备来年赈饥，陈龙正致信当时的嘉善县令李陈玉，希望能够减少漕运的数量。李陈玉（1598—1660），字谦庵，江西吉水人，陈龙正同科进士，初授嘉善知县，后任礼部主事、浙江道御史。崇祯七年（1634）至十四年（1641）间任嘉善知县，秉公执法，颇有善政，得入嘉善名宦祠。《嘉善县志》记载说："时漕兑纷扰，民苦勒索，陈玉执持甚力，得复旧规。秩满擢礼部主事，改授监察御史。入邑名宦祠。"

在崇祯十三年、十四年间的嘉善饥荒事件中，陈龙正为了稳定历经灾荒的乡村社会，多次上书给李陈玉，请求减少预定上缴给朝廷的粮食，希望能够提高乡村的粮食储备，从而预防来年可能发生的稻作歉收。此外，在陈龙正的倡议之下，李陈玉还大力推动嘉善一县的社仓建置，他亲自捐款，并筹募社仓的兴建。

与此相关的是，陈龙正对于地方向京城输送的漕运制度，也有所建言。他建议李陈玉能够大力整顿长久以来贪污腐败的漕运官员，浚深水港河道，打造运输船只，将漕运交由专业的运输官员，从而减轻当时的地方粮长可能因为运输事故而担负的各项风险和责任。

崇祯十四年（1641）夏，槜李以西，苕西以北，也就是嘉兴、湖州一带，暴发旱灾、蝗灾，灾情严重，米价暴涨。陈龙正倡导推行平粜之法；对于乡下贫苦民众的救济，则采取“管区分任”的办法，即每区选出一两位乡绅或吏民，全面负责该区域内的救济活动；同时，仍要求“捐升半以备赈，留一斗以随时”，从而做到房东能够救助房客，地主能够救助佃户。陈龙正在嘉善救济时，采取了“写画逐圩地图”的办法，通过地图上的标识，嘉善地域的一切浜兜村落都尽在眼中。这种救济方式，以区和圩为单位，按地缘结合乡绅和富户，很好地贯彻了陈龙正“一方富室救一方贫民”的救荒思想。

陈龙正在主持救荒时，采用了历代救荒总结出来的经验，如救荒须“六先”，即先示谕、先请蠲、先处费、先择人、先编保甲、先查贫民；另外，还有“八宜”“四权”“五禁”“三戒”等。据史料记载，陈龙正在救荒工作中最为得力的做法，就是将二十到三十个圩乃至四十个圩组成县以下各个灾赈区划，由籍贯属于该区的乡绅指导区内的“大户”“富记”“殷户”等进行救荒。

陈龙正认为，南直隶的苏州府等地方在施行赈灾救荒之时，因为主持者相关准备不够充分，也没有充分考虑到现行的煮粥、施粥的措施可能带来的弊病，所以出现了灾民一拥而上哄抢粮食，甚至打斗杀人的恶性事件。而他作为嘉善县实行赈灾救荒的实际主持者，因为原本就有的同善会以及社仓等地方慈善组织常年都在进行赈济贫民的慈善活动，故而早就已经掌握了一定的数据，积累了一定的声望，所以在大灾之年到来之际，也能够很快地核实贫困户，并团结富户推行“散粮之举”；同时，在有些地方、有些时候，也仍然可以采取“粥担法”，用以救助流移的贫民，从而取得了较好的成效。

陈龙正的救荒事业，也取得了钱士升等士绅的支持，他们一同力劝城乡富户巨室各自在其乡里进行平粜。据后人为钱士升编的《赐余堂年谱》记载，经过陈、钱等士绅的努力，“一时东南千里望武塘为乐国，饥民扶携四集”。

顾宪成曾说：“当京官不忠心事主，当地方官不志在民生，隐求乡里不讲政，不配做君子。”作为东林一系真君子的陈龙正，正是在乡里志于民生，讲求地方政务，在京城忠心君主与国事的典范。陈龙正自己也说：“不系民休戚，不为学问；不能救民，不为事业；须臾忘斯民，不为心术。”若从其一生言行来看，相对而言，则已经有着民贵君轻的意味了：与其在京城建言献策而得不到采纳，还不如在乡里实际参与诸如救荒等实行，这里面更有真学问、真事业在呢！

崇祯十四年（1641），陈龙正居家，住在长子陈揆构筑的乡间小室“屏林”，也写作“平林”。此地作为陈龙正最后几年习静观书的居所，主要于春秋时寓居，盛暑则借住沈氏山堂。次子陈修在附近的“古原”，同样建了书室二间，也作为闲居著述之所。后来陈龙正再度返乡，依旧住在乡间，并在此悄然逝世，后又与早他两年多亡故的丁氏合葬于“屏林新阡”。

崇祯十四年四月，正当陈龙正需要回朝复命之际，念及时事如此，直道终不可行。再加之去年春夏之交以来，因经常忙于救荒事宜，他心力交瘁，曾卧病十数日，于是上疏朝廷请求辞去职务，但是没有得到允许。就在该年冬季，嘉善同善会还举行了第四十次会讲。

崇祯十五年（1642），陈龙正因为请辞被驳回，不得不动身返回京城。元旦时，他自己亲自卜筮致仕归期，预言三年克之。三月，抵达北京，陈龙正应诏陈言，进《生财》《平寇》《御边》三疏，得到崇祯帝的肯定。由于李自成率领的农民起义军对明王朝的打击越来越大，陈龙正在上疏中特别指出：

> 剿寇不在兵多，期于简练，歼渠非专恃勇，藉于善谋。所云招抚之道，则更有说，曰解散，曰安插。解散之法，仍属良将，安插之法，专委有司。贼初淫杀，小民苦贼而望兵，兵既无律，民反畏兵而从贼，至于民之望贼，而中原不可收拾矣。

他认为剿灭李自成、张献忠关键不在兵多，而在于运用精简干练的战法有效地歼灭敌人；不能专靠军士的勇猛，而要多运用精善的谋略，还要适当运用招抚之道，至于招抚之后将其解散还是安插，则具体再作分析。他还解释了百姓为何一会儿“苦贼而望兵”，一会儿“畏兵而从贼”。其中关键在于官兵的战斗力与纪律如何。若是等到“民之望贼”，那么国家危局就不可收拾了。陈龙正的看法可以说是当时大部分士绅对国事的共识。

该年夏天，面对日渐衰败的大明江山，崇祯帝再次下诏求言，说：“拯困苏残，不知何道？”陈龙正上疏指出：

拯困苏残，以生财为本，但财非折色之谓。以折色为财，则取于人而易尽。必知本色为财，则生于地而不穷。今持筹之臣曰设处，曰搜括，曰加派，皆损下之事，聚敛之别名也。民日病，国奚由足？臣谓宜专意垦荒，申明累朝永不起科之制，招集南人巨贾，尽垦荒田，使畿辅、河南、山东菽粟日多，则京仓之积，边军之饷，皆可随宜取给。或平籴，或拜爵，或中监，国家命脉不专倚数千里外之转运，则民间加派自可尽除。

崇祯帝想要“拯困苏残”，陈龙正认为财并不是从“折色”之类损耗问题上讲求，而是要考虑如何才能增加“本色”，也就是人民富足之后，才有国家富足。事实上，当时有着诸如“设处”“搜括”“加派”等各种聚敛的名目，因此“民日病，国奚由足”。他建议，应该注重加强在北方地区垦荒种田，并申明累朝永不起科之制，即不会等荒田变成熟田之后再加税；同时努力减少江南米粮转运至北方的困难，除去民间加派等各种流弊。另外他还上疏说：

金非财，惟五谷为财。兴屯不足以生谷，惟垦荒可以生谷。起科不可以垦荒，惟不起科可以垦荒。五谷生则加派可罢，加派罢然后民生可安。

陈龙正指出，金钱并不是真正的财富，唯有五谷才是真正的财富，而要有五谷，则必须推行垦荒措施，并强调永不征税，避免加派，让贫民可以安生，这才是国家富足的根本。他关于垦荒的奏疏还被詹事黄景昉（1596—1662）参考而写成奏疏上呈崇祯帝。十一月，崇祯帝曾让金之俊（1593—1670）等大臣讨论，屯院徐公奉特旨，诏议陈龙正等人提出垦荒政策的相关事宜。但当时中原地区颇多残破，百姓有田也没法耕种，故像这样的倡导垦荒的言论只是想当然而已。

陈龙正进《生财》等三疏后不久，又进呈《用人探本疏》。对于陈龙正的奏疏，崇祯帝总体上是比较满意的。当时，朝廷内外官吏的考选已经完毕，但是没有想到，当年以分闱案而降调的胡麒生，乘陈龙正俸满考选之际，再度攻击他于分闱案中受朝廷惩处过轻。于是陈龙正上《分闱宿案疏》，为自己辩解。八月，浙江的铨选司又以柔谨而不惬众望为理由，台省官员们便想要换掉陈龙正。然而因为官员分属浙东、浙西，两派之间故又争论不下，等到另外有人推举陈龙正的时候，浙东、浙西之人都一致无异议了。十一月十八日，陈龙正的妻子丁氏逝世，享年五十六岁。到了下一年的三月，丁氏的讣闻方传至京师，他哀痛万分，再加上急欲迁葬其父廉宪公，因此归心似箭，然而依旧只得继续在京城待命。

崇祯十六年（1643）四月，朝局稍转。六月，修撰通州魏藻德（1605—1644）上陈兵食大计，也主张畿辅屯垦，而以永不起科为纲，力田设科、赎罪等款为目。崇祯帝大为嘉赏。及至将入内阁，魏藻德欲邀陈龙正一同商讨施政方式，而陈龙正则以分闱案为由婉拒了魏藻德的邀请。十月，陈龙正听说李自成军攻破潼关、挥师东进之后，作诗《衣带间》，表达对艰难国事的深沉忧虑。然而就在此时，陈龙正却遭到了给事中黄云师的弹劾。黄云师认为他“学非而博，言伪而辩”，对他极尽诋毁。黄云师（约1606—1681），字非云、雷岸，德化（今江西九江）人，崇祯十三年（1640）进士，历任吏户刑兵四科给事中、大理寺少卿，明亡后隐居著述。十二月，刘宗周推荐陈龙正调到吏部任职，又遭到监察御史黄澍等人的攻讦诋毁，并称他所进的垦荒之议是欺罔主上、躁于进身的小人所为。黄澍，字仲霖，徽州人（今安徽歙县），崇祯十年（1637）进士，后巡按湖广，监左良玉军，并论马士英十大罪，然最终投降清朝。黄澍与黄云师等人其实还是以前一年的分闱案作为攻击陈龙正的借口。陈龙正上《剖析伪学疏》为自己辩解，但仍然被降一级调用。在此期间，陈龙正还有一份劝告崇祯帝应当意识到自我反省与谨慎选官等问题的奏疏，因为获得上呈，故抄录成小册子，并取名《掌上录》，后被大学士蒋德璟（1593—1646）拿去刊印，引发了广泛的关注。

明崇祯十七年，也即清顺治元年（1644），正月十五日，陈龙正降级任南京国子监丞。三月二十九日，陈龙正回到家乡嘉善，上奏要求致仕，同时把国子监丞印凭交付南京国子监祭酒。五月初一日，陈龙正正式获知李自成已经攻入京城、崇祯帝自尽等变故的确切消息，"惊恸屡绝"，痛悼崇祯一朝"有君无臣，死党误国"，由此染病不起。五月初三日，陈龙正强撑病体，命其诸子安葬妻子丁氏。十一月间，陈龙正迁葬其父廉宪公于胥山南之百家泾。

该年五月初四，福王在南京监国，十天后正式建立弘光政权。陈龙正虽已闲居嘉善，但是仍被授予礼部祠祭员外郎之职。虽然三次乞休未被允准，但他借口有疾而没有前去就职。秋季，嘉善同善会举行第五十一次会讲，陈龙正说：

> 今幸变故已定，国运方新，官民上下一个个如起死回生，又须重新整顿个人生在世的大道理。生理如何，只认定"同善"二字，便是凡与人同的是善，与人异的决是恶。……高皇帝《圣谕六言》，结末二句云"各安生理，毋作非为"。一作非，便反却生理，走向死路上去矣。我们通邑之人，经此大变故，方体贴出这"生理"二字来。切勿遗忘，自家性命还须自家保守。

此时北京已经陷落，清军正在南下，陈龙正认为若是官民上下团结一心，国家依旧有起死回生的可能，每个人也都必须重新整顿个人生在世上的大道理，也即"同善"二字。故仍强调"各安生理、毋作非为"等明太祖的祖训，希望经此变故，更加珍惜"生理"的可贵，更加团结一心。他还告诫嘉善地方百姓，"自家性命还须自家保守"，这也就是其地方自治思想的具体表达。可惜的是，正如礼部侍郎吴太冲所说的，陈龙正虽然胸怀“国之大者”，身负“有体有用之学”，却是生不逢时，“遭极难挽回之时”，很难有大的作为，明清易代、政权更迭之际更是不可能逆历史潮流而动，作出大的作为。

南明弘光元年，也即清顺治二年（1645），六月，清兵南下，南京陷落，很快就会逼近嘉善一带。闰六月初四日，陈龙正听闻好友刘宗周（念台）绝食而死，就说：“死如念台，倒也干净。”于是他便隐身嘉善胥五区乡间的陈氏先祠，也即其父廉宪公陈于王之祠，绝食七日，于闰六月二十一日逝世，后学者私谥“文洁”。闰六月二十六日，陈龙正与其妻子丁氏合葬于屏林。

陈龙正在清兵占据嘉善前，就以身殉国，符合传统文化之中忠臣孝子的主流，保持了对大明朝最后的忠节。在国变后药食俱废、誓不延喘的行为，一直为后人所重。李清称赞道：“慷慨赴死易，从容就义难。”陈龙正“就义从容”，“死生之理”备矣，陈龙正作为明王朝的忠烈之臣，确实是矢志不渝、尽忠尽孝的典范。

第六章　几亭全书

陈龙正著作丰富，主要体现在以下三个方面：一是政治类著作，当时及后世的历史学家、法学家在研究中经常引用其中言论；二是荒政类著作，这集中体现了陈龙正对历史救荒经验的总结及其本人从事地方救荒的深刻体验；三是理学类著作，其中既有性理方面的内容，也体现了陈龙正对晚明世事的关注。陈龙正生前独立成书的有《几亭外书》《几亭再集》《几亭文录》《几亭续文录》《救荒策会》等著作，后编为《几亭全书》，包含《学言》二十卷、《政书》二十卷、《文录》二十卷、《因述》二卷，但在他生前未曾出版。

陈龙正去世之后，其长子陈揆完成编刻出版《几亭全书》六十二卷，并在书末附录《陈祠部公家传》二卷，书首则列有陈龙正的生前好友及门人钱继登（1594—约 1673）、熊开元（1599—1676）、李清（1602—1683）、刘理顺（1582—1644）、王弘祚（1610—1674）、佘一元等人的序赞。

万历四十四年进士，历任江西饶州知府、江西学政、佥都御史巡抚淮扬等职的浙江嘉善人钱继登称赞陈龙正“湛精性命经济之学，探研论著者数十年”。天启五年进士，曾任崇明知县、吴江知县及吏科给事中等职，南明时官至东阁大学士兼右副都御史的湖北嘉鱼人熊开元，认为国家在多难殷忧之际，如陈龙正这般“留心当世之务，如指诸其掌上”，已经是十分难能可贵的了。因为在明末，“居官则家于官，居乡则官于家”的现象太过普遍，知识阶层中确实也存在着较多的道德沉沦感，像陈龙正这样于居官居乡时仍能秉持儒家的道德根本，以家国大义为重的毕竟还是少数。陈龙正的门人，清初曾任户部尚书、刑部尚书、兵部尚书等职的王弘祚，则称他是“理学名儒”，“学究天人，道宗孔孟”，莅官之后能不避忌讳，侃侃直陈，“真有知无不言、言无不尽者”，这与陈龙正朝夕讲究良知之学、不徒事风云月露之词的态度，是十分契合的。

《几亭全书》对于研究晚明江南社会生活有着独特的史料价值。其中，《政书》二十卷影响最广。清代人编修《明史》时，特将其列入《艺文志》。《政书》之外，比较有影响的著作是《救荒策会》七卷，堪称晚明以来的荒政经典，故作一较为详细的介绍。

《救荒策会》共七卷，前六卷是在董煟、张光大、朱熊等人《活民书》的基础上增删而成的，陈龙正不但将后人相关条目以“某某曰”的形式加以增补，还以“论曰”的形式表达自己的看法，对历代救荒政策的利弊等作出中肯的评说。比如第一条“大禹懋迁”，董煟认为“阻饥之际，特使通融有无而已”，陈龙正则补充说：“先导水，次劝农，次则通商，万世救荒之祖，其道备于此矣。”他还批评朱熊原书存在“情多冗长，且杂以诡说邪教”等问题。故此书乃陈龙正精心选编的“可行之策”，而非求多求全之文献汇编。

特别值得注意的则是其第六卷与第七卷。第六卷“荒政议”，提纲原本为明中叶林希元《荒政丛言》，陈龙正认为：“其条款甚备，其文告甚繁，古今救荒之事，无弗撮载于此矣。”然而“法贵因时，故特以寓兵于兵之意”，最后确定总纲五条，也即六先、八宜、四权、五禁、三戒；细目二十六条：

> 救荒有六先，曰先示谕，先请蠲，先处费，先择人，先编保甲，先查贫户。有八宜，曰次贫之民宜赈粜，极贫之民宜赈济，远地之民宜赈银，垂死之民宜赈粥，疾病之民宜救药，系罪之民宜哀矜，既死之民宜募葬，务农之民宜贷种。有四权，曰奖尚义之人，绥四境之内，兴聚贫之工，除入粟之罪。有五禁，曰禁侵欺负，禁盗禁，

禁抑价，禁溺女，禁宰牛。有三戒，曰戒后时，戒拘文，戒亡备。

其中的“六先”蕴含了救荒之成效，关键在于占得先机，在灾荒将至未至之际作出准确判断，才能避免种种乱象的发生；“八宜”是如何将救灾对象加以分组以便分别采取最佳方案；“四权”是如何在大灾之际充分调动有生力量；“五禁”与“三戒”则是如何在救荒的特殊状态之下加强管理的具体措施。

第七卷“皆嘉善所行之事”，记载陈龙正本人从事嘉善赈济救荒的相关措施，详细记录一县之荒政颇为难得，为后人研究晚明地方社会治理问题保存了宝贵史料。他在此卷的序中写道：“策会主于便行，故亦存之彼，而去之此。此所存者，或理当可以通行，或意美可以推行，或事虽近陋可以不得已而姑行。”具体内容有《煮粥散粮辨》《共冢记》《粥担述》《埋胔述》《收弃儿法》《建丐房议》《省羁铺议》《救饥本论》。其中如《粥担述》《建丐房议》二则，提出许多在中国荒政史上具有一定创新性的新措施。这些新措施，大多是陈龙正以及其他嘉善当地官绅和百姓，通过亲身经历总结出来的，具有很强的可行性和创新性。

此外，陈龙正《几亭外书》之中还有《乡邦利弊考》，也是记载嘉善县救荒之实录，其中精华内容大多已经选编在《救荒策会》第七卷中了。陈龙正积极参与救荒，做了大量的工作，方才取得了大量宝贵的赈荒救灾的经验，为他完成著作《救荒策会》准备了条件。

灾荒救助是一件繁重、复杂的工作，为了救荒绩效的最大化，既要区分城、乡不同地域空间，又要区分各类贫困受灾人群，而且对于生活在城、乡不同社区和不同的贫困受灾对象，需要采取不同的策略与方法。陈龙正总结历史经验，指出过去的救荒方法存在局限，应加以改进。其理论与实践的结晶，集中于《救荒策会》以及《政书》之中。

据史料记载，陈龙正对于历代救荒措施的总结及其本人倡行的救荒方略，在清代极受关注。如崇祯十四年（1641）大灾期间，陈龙正曾在嘉善倡行“粥担法”，救济穷乡僻壤之民，成效卓著。清代钦定救荒专著《康济录》对此有详细的评述。光绪时的孙福清更赞为“至今讲荒政者，莫不奉为圭臬”。俞森所辑《荒政丛书》中，也辑录了陈龙正关于救荒的许多言论及事例，其中有一段可以反映陈龙正对于乡村赈济的主导思想：在饥荒时期，将米豆运至乡村分派，搬运让贫民承担，费用就以食物代替，不需虚费脚价，堪为赈济饥民的一种好办法；当然官方应当聚集社会上的大部分米粮，从而平抑市价，防止不法之徒利用囤积来控制米价上下，将社会变乱的因素压至最小程度。

陈龙正为解决乡村饥民的生计，还提出了将蝗虫和野菜煮食疗饥的办法。实际上在崇祯十四年（1641）嘉兴、湖州地区旱蝗并灾期间，乡村百姓已经开始捕蝗饲鸭，又用以喂猪，都极易肥。陈龙正的捕蝗救饥言论后来也被收入《康济录》中。陈芳生所著《捕蝗考》，载于《四库全书》史部十三政书类·邦计部。提要如下：“《捕蝗考》一卷，国朝陈芳生撰。此书取史册所载事迹议论，汇为一编，首备‘蝗事宜’十条，次‘前代捕蝗法’，而明末徐光启奏疏最为详核，则全录其文，附以陈龙正语及芳生自识二条。”由此，我们看到清人对于陈龙正的捕蝗方略非常赞同。

陈龙正还认为，隋代的社仓、唐宋的义仓制度都值得今人仿效，而且应该由官府直接控制转为民间自理；乡村赈济更不可专主散钱，须据实际情况，由官府登录村民的不同灾情而展开赈恤，下乡散发钱米。地方官员在主持赈济时，往往只重城市，遗漏乡村，但乡村穷民数量最多，尤其需要加意查察，慎重赈济。陈龙正还认为，百物之值虽以米为主，但常平不能惟平米价，也需兼平百物。社仓的功用主要在于救济百姓和弭盗，如果一县之内有若干乡区，每乡每区各立社仓，是荒年救赈的有效途径之一。当然在赈饥过程中难免有各种弊端，更需由任事者加意视察，甚至制订赏罚科条以杜绝之。

此外，陈龙正使得流行于江南地区的同善会的救济措施更趋详密而具体，定期举行的会讲，不但起到了辅助乡约的作用，也为明末大灾期间的救荒工作带来了秩序整顿的特殊功效。所以在晚明危亡之际，陈龙正仍然定期主持同善会会讲，以他为主，共发表了五十一次“讲语”，目的就在于此。这些“讲语”被收入陈龙正书中，是研究同善会以及江南地区劝善运动的重要文献。

《几亭外书》则是《几亭全书》的简本。目前所见《几亭外书》有两个版本：一是上海图书馆所藏明崇祯本，共有九卷；一是清光绪本，只有两卷。明崇祯本《几亭外书》卷一、卷二都是“随处学问”。部分内容是对“文录”的补充或发明。陈龙正说：“《学言》所未尽，于此尽之。然其间亦别有发明，或畅言之，则以其文多，故外之；或直言之，则以其无文，故外之。外非必缓与浅也。心乎内，可以观外。”卷三是“家载”。卷四是“乡邦利弊考”，集中体现了陈龙正对于地方社会经济生活的关注。卷五是“保生帖”，汇集了陈龙正对当时一些医方的实验与心得，目的是希望“使多病之人，时时省览，可以少病；少病之人触目惊心，亦有益也”。卷六是“易占验”。卷七是“举业素语”。卷八是“方技偶及”。卷九是“绪绪”，主要是“言道之绪也；稍缓者，绪之绪也”。光绪本《几亭外书》卷一同崇祯本卷七，也是“举业素语”；卷二“家规”，则杂合《几亭全书》中“政书”“困述”的部分内容，详述了陈氏家族的秩序规范等内容，包括“义庄条约”“不乘凶荒之利”“馆规”“饮食约”“胎教”和“袁了凡公格言”等。

除了以《几亭全书》为代表的专著外，陈龙正编著的《程子详本》《朱子经说》《明儒统》等书，以及其辑录的《高子遗书》和《阳明先生乡约法》《阳明先生保甲法》等书，也流行于世。

另外，陈龙正喜爱晋代诗人陶渊明的诗，于天启五年（1625）编辑《陶诗衍》二卷，明清易代之后，也由陈揆刻印。该书先是删订陶渊明（约365—427）的诗，并选录王维（约701—761）、孟浩然（689—740）、储光义（707—约760）、韦应物（737—约791）、柳宗元（773—819）以及归子慕、高攀龙等人的诗句，再加陈山毓的自祭文，合编而成。在这部书的《总论》中，陈龙正再次高度评价了老师高攀龙，认为高攀龙虽然不是一个诗人，但是一个“修德讲学之人”。他指出：“诗宜以渊明为正宗，或云诗家视陶，犹孔门视伯夷，不知文章之有诗，已是伯夷一路也。咏歌性情，夷旷萧散，正风雅之本旨，陶为伯夷，谁为孔门？”将东林精神落实于诗歌，就是将陶渊明之诗置于风雅之正宗。如同孔子推崇伯夷为“古之贤人”，故陶渊明是历代诗人之中伯夷一般的贤人，能够以诗“咏歌性情，夷旷萧散”，正是风雅的本旨。至于王、孟、储、韦等后来的效陶者，陈龙正也有详细评说：

> 陶以降，效之而偶似者为储光羲、韦应物，效之而不似者为王维、柳宗元，不效亦不似者为孟浩然，不效而似者为归靖穆。储胸次不洁，专以仙玄自涤，至于率意为《渔父》等词，顾微近之，理贵自然，正谓斯类。韦才甚短，其朴淡处乃颇自在。王色色工致，固是唐调。柳以古博自矜，句造字刷，乏自然之致，且多以赋手作诗，其愈繁靡艰奥者，失之愈远，小篇妍洁，明珠翠羽，无以加焉。浩然洗发烟霞，琢磨薜荔，自成山人墨客之态。

在他看来，储、韦二人是效仿陶渊明而偶尔有些像的，王维与柳宗元则不像，并不效仿也不像的就是孟浩然，至于归子慕则是不效仿而有些像了。储光羲的弊病在于“胸次不洁”，喜欢神仙之道，他的好诗也就是《渔父》之类小词，因为较近自然；韦应物则才短，少数朴直淡泊的诗较为自在；王维的诗太过工整细致；柳宗元“古博自矜”，也取法自然之致，至于部分以赋体作诗则“愈繁靡艰奥者，失之愈远”，仅有小篇方可欣赏。其实，陈龙正最欣赏的唐人当数孟浩然，“洗发烟霞，琢磨薜荔”，自然而成的山人墨客，无心之际其实得了陶渊明的真精神。

明清时期，以退职官员、举监生员、城乡地主、部分商人等为主组成的士绅，是中国乡村社会中最重要的阶层，是民间社会中经济与知识力量的最大部分。士绅的活动，在很大程度上左右着地方政府尤其是县一级政府的施政和决策，这在士绅力量特别强大的江南地区尤为突出。

陈龙正的一生，虽未出将入相、治国平天下，但也曾在朝言国事，在野救灾民；既在政治上有过活跃的表现，也在社会活动上有着积极的作为。故《几亭全书》六十二卷，此皇皇巨著堪称是晚明社会动荡情势之下，江南地方士绅生活状况的真实写照，对于研究晚明历史文化有着极高的史料价值。

下 篇

第七章　生生之学

陈龙正一生学术，主要集中于两个方面：一是传承自东林学派高攀龙而又有独特心得的理学思想，另一是传承自袁黄、丁宾等人而有新的发展的善学思想。在其《几亭全书》之中，就有《学言》与《学言详记》两部重要的哲学著作。概括其哲学思想，主要是以“修心”与“修身”为基础，而后形成的基于万物一体的“生生为心”的生生之学。至于其具体为学工夫之次第，则主要讨论了“修”与“悟”，以及“格物”这两方面的问题。

一、修心

陈龙正的《几亭全书》之《学言上》的第一部分为“体道”，讲述的是他对于本体论思想的基本看法。其开篇之际就说：“心载性而宰身。”由此可知，陈龙正的修心论，本是以性为心之主宰，也即程朱理学的“心统性情”之说，至于心性实践的工夫，则是“继善成性”之说。

（一）心统性情

《中庸》说“天命之谓性，率性之谓道”，《孟子》说“尽其心者，知其性也；知其性，则知天矣”，宋明理学家对于心性问题，都有着特别的重视，认为是进行身心修养的基础。从小读《四书》，而后又受到东林学派深刻影响的陈龙正也不例外。关于个体的人性与天道之间如何打通，宋代的张载提出“心统性情”的命题，后来在朱熹那里形成了一套完整的理论。他说：“合如此是性，动处是情，主宰是心。”心是人一身之主宰，也是作为本来之理的性与生发不已的情的主宰。

东林学派由王返朱，故而陈龙正在心性问题上，大体还是遵循程朱理学的“心统性情”观，然与高攀龙相似，其中又有着阳明心学的某些因子。陈龙正在《学言详记三》之中说：

> 《易》于复言天地之心，于大壮言天地之情，于咸、恒、萃，则兼及万物之情矣，而独未言天地之性，天地之性，见于《孝经》人为贵之说焉。天地不与圣人同忧矣，何以有心？生物者，天地无心之心也，故于子之中，一阳初成见之，情者何也？于相感而生物见之，阴阳相感不已，生物亦不已。万物之情，本乎天地，故兼言万物也。感以情，恐不正大，故于大壮独以正大言天地之情。天地之情，其相感也，无不正且大也；万物之情，则不能皆正大也，故不及万物，咸、恒、萃兼及万物之情，则不复言正大也。

中国哲学的核心文献《周易》其复、大壮二卦谈到了“天地之心”与“天地之情”，以及咸、恒、萃三个卦谈到了“万物之情”，但并未谈及“天地之性”。“天地之性”在《孝经》“天地之性，人为贵”之中则有了论述。在陈龙正看来，《周易》与《孝经》相关语录的结合，正好可以说明“心”与“性”“情”分别与“天地”“万物”之间的关系。天地生物之心，“一阳初动处”，相感不已、生物不已，这就是“天地之情”；然后则是万物之生化的“万物之情”。值得注意的是，前者可以说是“正大”的，而后者则不可以说“正大”。所以陈龙正接着还说：

> 程朱二先生于二卦，皆理字代情字，恐非夫子本意，夫子正谓情之正大者乃理耳。离情以求理不得，执理以当情不得，犹舜言人心道心，人心之合于道者，乃道心也。《孝经》所谓天地之性，则生

物之各得其理者是也。母虎不产犬子，桃枝不开李花，纷纷纭纭，无穷而不可乱，此天地之性也，其最秀最灵，全得天地生物之心，而能谓天地育万物者惟人，故其所生，以人为最贵也。天地之心、性、情难见，皆于人见之，而人之性、情，则总见于心之未发、已发而已矣。生物者天地之心，其生而有条理者则性，其相感而生生不已者则情，天地之性、情亦统于心。

“天地之情”为何“正大”？依照程朱理学的说法，是合乎“理”，“离情以求理不得，执理以当情不得”。这就是道心、人心之辨。天地生物，之所以能够“母虎不产犬子，桃枝不开李花”，纷纷纭纭而不乱，都是因为“各得其理”，这就体现了“天地之性”。“天地之性”体现得最秀最灵之处，则在于“人”。人是天地所生育的万物之中最贵的，人能够见到天地之心与性、情，也就是能够把握其中的“理”。然而人也有自己的性、情，其中的“条理”，可以在人心“未发”“已发”之间分辨。所以对于人来说，“心统性情”，而“天地之性、情亦统于心”。这两个命题是互证而明的。陈龙正另外还说：“心、性在人，犹神、道在天，天止此阴阳耳。自其相推而有条理谓之道，自其变化而不可测谓之神，人止此生理耳，自其至实而能发用谓之性，自其至虚而能妙应谓之心。”天地之阴阳相推而生化万物，其中的“条理”就是“道”，而变化不测就是“神”。对于人来说，生生之理当中“至实而能发用”的就是“性”，“至虚而能妙应”就是“心”，故“心统性情”。心是主宰，“性”为“未发”之实理，而“情”为“已发”，“已发”则难免有不够“正大”之处。

陈龙正还谈到了“万物之情”不可以说“正大”，也就是说“性”与“情”之间的分别。陈龙正《学言详记三》另外还说：

生来者天地之气，健顺者天地之性，氤氲者天地之情，此皆天地自有之。于复又言天地之心，心对气言。于此见向之剥者，乃气候不得不至。而非其心，阳回而生物乃其心也。其心直贯于剥中，

> 息息皆生，顾剥则必复犹天地所自能。至于薄蚀崩溢，不能自救，惟人能救之。故又曰：人者天地之心，人主天地，犹人心之主身。天地以生生为心，人心以好生而主天地。

这是从《周易》乾坤二卦来讨论的：乾健坤顺。“天地之气”也就是“天地之心”，“健顺”是指其“性”，“氤氲”是指其“情”，而“情”则有不能“正大”之处。如从阳气之剥到阳气之复，生化万物的过程，若发生“薄蚀崩溢”，则需要天地之灵秀的人来救了。人可以感应天地生物，从这个意义上说，则人是“天地之心”，“人主天地”。人之心，需要从“主身”发展到“主天地”，这是陈龙正吸收阳明心学的一个方面。

再说“心”“性”二者，陈龙正接着又从“尽心”与“尽性”的区分上来加以论说：

> 尽心、尽性，本亦无二。就其心中万理俱诚，谓之尽性；就其心中万理俱活，谓之尽心。总就心上看出，若性上却无可举似。性是物与无妄，实实能发生者；心是莫知其乡，空空无边际者。如乐而忘忧，睟面盎背，是尽性之验。有问难，无不能答，有事变，无不能应，曲畅旁通，总归于道，是尽心之验。尽性多在自得处见，尽心多在应物处见。然心何由而得尽，随物察则必通于微，诚好诚恶，不遗余力，此则尽心之学也。

“尽心”与“尽性”，都从“心”之“理”而发。“心中万理俱诚”也即“未发”，“心中万理俱活”也即“已发”。“尽心”就是在“已发”之中体会：从问难、事变以及“曲畅旁通”之中体会理、体会道;在“应物处”体会理、道。至于“尽性”则如同“乐而忘忧，睟面盎背”，需要在“自得处”体会理、道，终究不那么容易。故而关键在于“尽心”，也就是“随物察则必通于微”，好恶如何，不遗余力，也就能有所发明了。再看“心”“性”与“身”之间的关系。陈龙正强调“心载性而宰身”，他的《学言详记十七》还说:“存心养性修身，此生生之学也，中也；明心见性忘身，此无生之学也，过之；修心炼性存身，此长生之学也，不及。”若佛教“明心见性”则“忘身”，是“无生之学”；道教“修心炼性”则“存身”，是“长生之学”。佛、道一个是“过之”一个是“不及”，都不是中庸之道。而儒家《大学》也讲修身，修身之后才能齐家治国平天下。修身的基础在于“存心养性”，这才是他的生生之学。生生本是与天地万物一体的，如此方才符合人作为天地万物之灵秀的身份。

总之，陈龙正继承程朱理学的“心统性情”之说，认为“性”与“情”之间有正大、不够正大的区分，但更多还是在强调“心”之主宰义。“心”是人之身、心的主宰，也是天地、万物的主宰。故而人之修身，关键在于“尽心”，也就是通过“存心养性”才能实现人的生生之学。这也是儒学与佛、道二教的区别所在，也是理解陈龙正哲学思想的基础所在。

（二）继善成性

《周易·系辞》说：“一阴一阳之谓道，继之者善也，成之者性也。”陈龙正与程朱理学家一样，从孟子的性善说出发，对于《周易》“继善成性”说作了进一步的发展，由此建立其善恶观以及修养学说。与顾宪成、高攀龙一样，陈龙正对于王阳明“四句教”之中的“无善无恶心之体”一句，则多有批判。

何为“性”，陈龙正在《学言上》之中说：

> 生生曰继，不能生曰绝。莫善于继，莫不善于绝。无继无绝，非所以言性；或继或绝，非所以言性。故以继言之。
>
> 性曰恒性，恒乃为性，不恒非性矣。食色可恒也哉？孩提而爱亲也，衰亦爱，病亦爱，少至于老，康强至于疾病，无一日而不知不能者也，是曰恒。

一方面强调“莫善于继”，只有“善”才可以继续，因为“善”也就是“生生”；另一方面强调“恒乃为性”，只有“恒”，也即生生不息才是“性”，而此生生，则是自少至老的，与“食色”无关，无论疾病、衰老都应当遵循的比如“爱亲”之类，方才是“恒性”。故“生生曰继”四字，也是理解其性善说的关键。进一步来看何为“善”。陈龙正说：

性以无一物为善，人心无事时，以寂然不动为为善，执事时，以主一为善。性以生生不绝为善，人心无事时，以戒慎不忘为为善，执事时，以曲尽不遗为为善，服膺一善，而无伐善，此谓知性善。

“性以无一物为善”，也即人心中“无事”。“为善”，寂然不动，但是又应当保持“戒慎”之心理准备。一旦有事，则应当“主一”，也即用“敬”的工夫，专心于事上，努力以求“曲尽不遗”；对于他人之善，则是拳拳服膺而又“无伐善”。由此可知，陈龙正并不认为心体有“无善无恶”那种“无”的状态或者“无欲故静”之“静”，程朱所说的“敬”才是其根本。

讨论性善论，需要说明人性之恶从哪里来，也就是如何看待性、情、欲三者的关系。陈龙正在《学言详记三》中说：

问孟子以情证性，每见至恶之人，动情甚恶，安足以证皆善耶？曰：虽有至愚，痛痒觉苦，调和觉甘，在于形骸，痛本恶类，和本善类也；饥食渴饮，适所求则荣，乖所求则瘁，在于脏腑，适本善类，乖本恶类也。悍戾奸狡，奖借之则欢，叱咤之则怒，在于称谓之间，奖借本善类，叱咤本恶类也；夷狄嗜杀，然伤残其父兄必仇，抚育其子弟必戚，在于遇待之间，伤残本恶类，抚育本善类也。形骸可以徵性善，脏腑可以徵性善，称谓可以徵性善，遇待可以徵性善，则虽桀纣杨广，皆有善情，但彼因情恣欲，不能自见其情耳。情与欲不同，若真自见其情，安得不信性善。

此处说孟子“以情证性”，则是“见孺子入井”一段之类人皆有的恻隐之心。然而“至恶之人，动情甚恶”，那么如何理解性善呢？陈龙正对此难题进行了自问自答。就形骸来说，无论智愚，都是有痛痒就觉得苦，有调和就觉得甘；就脏腑来说，都是饥食渴饮，需求得到满足就滋荣，不满足就病瘁；其他无论“悍戾奸狡”不同的称谓，若是被奖励就欢愉，叱咤就发怒;“夷狄”待遇不同,若是被伤残就仇恨,被抚育就戚戚。所以说即便是桀、纣、杨广，都有其善情，只是他们的情过于“恣欲”，以至于原本的善情都无法展现了。所以在陈龙正看来，情原本都可以是善的，故可以“以情证性”，性本善；至于情为什么会发生恶，则主要是因为“欲”过于恣肆，以至于不能“自见其情”，性善也就不明了。他还强调说：

> 善字未尝着仁、义、礼、知，只可云善，不可云有善。一分出四德，便可云皆有，可云固有矣。只观人性之善，犹水性之下，若说人性有善，可说得水性有下否？

人性之善，绝不可加一个“有”字，然而仁、义、礼、智（知）则可以加“有”字了。人性之善，如孟子说的“犹水性之下”。水之“下”前面不可加一个“有”字，说有的水向下流、有的水不向下流，是不通的。故性善，也不可加“有”字，在陈龙正那里是很明晰的。类似的说法，还见于其《学言上》：

> 在人者，一如其在天者也。道性善，曾道性有善乎？性之善也，取之身，犹耳之聪也；取诸物，犹水之清也。今使一人曰：耳有聪，水有清，妄加乎有矣。更曰：耳有聪有不聪，水有清有不清，益妄加乎分有矣。又更曰：耳无聪无不聪，水无清无不清，益妄加乎分无矣。惟一反于善之所从来，悉自知其妄矣。

陈龙正认为“道性善”，不是“道性有善”，也即反对性之有善有恶。性善就像人的耳朵，原本就有其聪慧而能听见；水原本就是清澈的，再如水之清，元初之水都是清澈的。于是需要批判三种观点：一是在聪、清之前妄加一个“有”字;二是说耳朵有的聪慧有的不聪慧，水有的清澈有的不清澈；

三是耳朵无所谓聪、不聪，水也无所谓清、不清。后两种要么妄加分别，要么不加分别。这三类都是不正确的，所以就性善来说，必须回归于性善之本来，不必妄作多解。

陈龙正对于人性的多种说法，也有过辨析，比如针对“无善无恶心之体”。在《学言上》中，他说：“善本无声无臭矣，而何必曰性无善乎？至德无称，至教无言，至治无名，至智无事，是故不言性而皆性，不宗无而自无，赘无于善非决于无也，决于善也。曰无者不识善，曰善者识无也。”用“无声无臭”来形容人性善之本体自然是可以的，然而不可以说“性无善”。无称、无言、无名、无事等可以用来形容德、教、治、智，“不言性而皆性，不宗无而自无”。在“善”的前面，就不必再赘上一个“无”了。如上所述，性善本来就不可区分有无。“曰无者不识善，曰善者不识无”，将“无”字与“道性善”联系都是不懂性之本体。

针对告子“食色为性”，陈龙正《学言详记三》指出：

> 告子以食色为性，然孩提之童，不知色也，性安在乎？性有后人生而徐具者乎？甚病之人，不能食也，性安生乎？性有先人生而间歇者乎？故食色非性，而爱敬仁义为性。食色生之气也，爱敬，生之理也，其为生同也；食色有待，爱敬无待，原始不同；食色有息，爱敬无息，反终不同。生而知之，死而后已，是所谓恒性，或疑极悖于人，亦有不爱其亲者，如恒性何？曰是失其恒心也，非无恒性也。心有牿亡娼溺之所得而及也。

若是“食色为性”，那么孩童还不知道色为何物，其性又在哪里呢？性是天生本具，还是“生而徐具”？还有病人若不能食，其性又在哪里呢？性是否会有间歇存在呢？通过这些反问，陈龙正强调“食色非性”，只有“爱敬仁义”才是性。食色属于外在的“气”，而爱敬则属于内在的“理”，虽然都伴随人生而有。还有食色有待于外物，爱敬则无待于外物；食色有间歇、有停息，而爱敬则不会停顿。“生而知之，死而后已”的都是性，性是有“恒”的。至于为恶者，并不是失去其“恒性”，而是被“锆亡娼溺”的缘故。

他进一步就将性分为人性与物性：

> 生物不测，非独天之所生不可测也。即经人为者，亦有不测。如筒中喷水，磨中出粉，粗细斜员，听之水与粉耳。喷者磨者，能知其所以然乎？纯气生人，繁气生物，亦大蘖言之。天如筒与磨耳，何尝分别？使人物各受，所谓本源处不害为一者，不过如此。谓总是生生之理，非早有纯气、繁气之分也。迨能成人物之后，则人自异于物，犬亦自异于牛，且各以类化生，形定而性不可混，安得谓人物同此性乎？

从天地万物生生之理来看，则“生物不测”；事物经过人为，其实也是“不测”的，关键在于“气”之不同。所以说“纯气生人，繁气生物”，各自禀赋于气不同，但究其本源处则“不害为一”。人与物生成之后，自然就会有差别，“各以类化生”；其形体一旦确定，则性自有其不同，故不可混了。故人性、物性之分别，关键在于生生之理，成人、成物的过程之中发生的差别。

他补充说：

> 在天为命，赋者为主，在物为性，既赋之后，受者自为主。率性之谓道，指理而言，若兼言气，气岂可率耶？……声色臭味，气也，非理也，本非性，世俗误认为性，惟君子则不谓性，非因欲抑人心之故，而强不谓之性也。仁义礼智，理也，非数也，本非命，世俗误认为命，惟君子则不谓命，非因欲著道心之故，而强不谓之命也。正欲扫除世人以气为性之见。

人性、物性，“天命之谓性”，关键在于被赋之气的生生，然后才是所受者自已。“率性之谓道”，“道”即“理”，“声色臭味”属于“气”，故而不是“性”，然这些方面的喜好差别被世俗误会为“性”，只有君子知道不是“性”;“仁义礼智”属于“理”，不是“命”或“数”，但被世俗误会为“命”，只有君子知道不是“命”而属于“性”。如此种种的辨析，都是在批判告子等人“以气为性”的错误。他另外还说：“有善有不善，万物之性固然，而人独不然。鸟兽虫鱼之或仁或不仁也，草木之或良或毒也，其类原不一也。人比于四灵而更全，故物性皆不足以例人性也。无善无不善，万物之性不然，而人亦不然。”关于万物之性的具体表现，陈龙正在承认其中有善有不善之后，又特别强调人性之独特，人是万物之中最灵最全的。诸如鸟兽虫鱼、草木具体的善、不善的表现，来自其物之类原本不一，而不是其“性”，故也不能说其性“无善无不善”，更何况人了。这在性善为本的基础上，很好地解释了万物具体善、不善的原因。

陈龙正曾与友人金铉（伯玉）共同讨论一个有关人性善恶的难题：为什么世上善人少，不善人多？这是一段非常有趣的对话，据《学言详记三》记录：

> 金伯玉曰：善人少，不善人多，岂为善顺性而反难，为恶逆性而反易与？曰：是惟误认善恶，故倒视难易也。父子相爱善乎，相夷恶乎？曰：然。相爱易乎，相夷易乎？曰：相爱易。则是善易而恶难，未尝善难而恶易也。饥而食，饱而止，冬饮汤，夏饮水，善乎？未饥而强之食，饱矣而过食，冬水夏汤，恶乎？曰：然。因之难乎？强之难乎？曰:强之难。则是善易而恶难,未尝善难而恶易也。男女居室而和，时感而化生，善乎？彼离而反目，不节不时，劳惫而疾痛，恶乎？曰：然。因其自然者易乎？强其所不能者易乎？曰：因其自然者易。则是善易而恶难，未尝善难而恶易也。以理义观之如彼，以情欲观之如此，善恶难易皎然自定。伯玉曰：然则善人终少，不善人终多，何故？曰：此以行事定人善恶，不以心观善恶故也。人自有生以后，所见皆小体矣，小体有形，是小人之不思而得

者也。小体之所以然者即大体，是小人之不思则不得者也，惟不思者多，故从小体以逆大体者多。然为恶必惭，有恶必掩，不假于思，可谓知惭、知掩之非善乎？曾见不惭、不掩者有几人乎？以此际观人，是善人终多，而不善人终少也。伯玉悦。

金铉提出一个看法，“为善顺性而反难，为恶逆性而反易”，于是陈龙正指出，这种看法恰好是将善恶误认了，比如父子之间“相爱”是善，“相夷”是恶，那么是“相爱”容易还是“相夷”容易呢？由此例子来看，则是为善容易，为恶难了。再如饥食饱止等是善，“未饥而强之食”等是恶，顺其原因而为是善，勉强而为是恶。由此例子来看，则也是为善容易，为恶难了。还有“男女居室而和，时感而化生”是善，“彼离而反目”等是恶，也是顺其自然则善，为善容易，勉强而为则恶，为恶则难了。于是陈龙正总结，“善易而恶难”，从理义观来看如此，从情欲观来看也是如此，都是皎然明白的。

再来，关于金铉提出的善人少、不善人多的问题，陈龙正认为关键要看人的具体“行事”而不是看其“心”。据孟子所说，耳目属于“小体”，而心则属于“大体”；听命于“小体”则为小人，听命于“大体”则为君子。小人自然而然，就是通过耳目行事，虽然其耳目的背后也有心的作用，但往往其心不思而得，甚至听凭耳目而逆其心；小人之为恶，也会知道惭愧，也会知道掩盖，由此可知其性还是善的。故而“善人终多，而不善人终少也”。经过这一番辨析，金铉也不得不改变其看法了。

陈龙正认同“继善成性”，强调人性之本善、恒善，反对在“善”之前加一个“有”字，更反对诸如“有善有不善”“无善无不善”等观点。关于王阳明“无善无恶心之体”，其实陈龙正也理解带有心体境界的意味，但认为不必说一个“无”字，当然他也不多加批驳。至于具体的人与物会有善恶之别，他认为关键在于赋受，也即气之生成的差异，鸟兽虫鱼、草木都是受其物类的局限而已。至于人是最为灵秀的，为何还有善恶之分？他认为关键在于有人受到“小体”之耳目的局限，不能听命于“大体”之心，故而才有君子、小人之分；然而即便小人受其“小体”之控制，但也会知道惭愧、掩盖，故而其性本善，还是一样的。所以陈龙正的修心之学，就是以“心统性情”为根本，而强调“继善成性”。小心护持本来之善，才是一个人修养之根本。

二、修身

《大学》提出“自天子以至于庶人，壹是皆以修身为本”。程朱理学家对于“修身”有着格外的重视，陈龙正也不例外。他在反复强调“修身为本”之后，就具体的修身论，则特别重视如何“去欲”、如何“改过”两个方面，正好与其善学思想互为表里。

（一）修身为本

《孟子·离娄上》有“反身而诚”“守身为大”等观念，《淮南子·论训》有“圣人以身体之”的观念，故而“修身”不只是《大学》的概念，而是真正影响到士大夫之学的具体的修养工夫。

在《学言上》当中，陈龙正说：“欲明明德于天下，修身为本。欲安天下之民，正君为本。以天下修，为大道。以天下正，为大人。”《大学》“明明德于天下”，必然要以“修身为本”。至于“正君”，其实也就是“天子”之“修身”。天下之修、正，其根本就在于“自天子以至于庶人”都要“修身”。陈龙正在《学言详记》中提出：“慨慕千圣学术，总只要修吾身。”自古圣贤，都在倡导修身，因为修身为本，是为圣为贤的起脚第一步。

他接着还说：

> 胡敬斋云：“学者才要身心上用功，便入空虚去；才有志事业，便流入功利。”愚谓人若以修身为本，安得入空虚？若知措之天下之民，谓之事业，安得入功利？只为置身单言心，置百姓单言朝廷，才有此病。

陈龙正认为胡居仁（敬斋）强调“身心上用功”会空虚，以及“有志事业”会功利，都是用错了对象。身心二字，不可“单言心”，用功的对象当是“身”而不是只谈“心”；至于事业，其对象当是“天下之民”“百姓”而不是只谈“朝廷”。

从“修吾身”而推广到“天下之民”，故陈龙正进一步指出：

> 修身为本，言明明德于吾身，为明明德于天下之本也。学若只为一身，连本字亦无下处，自好忘世之人，以为济世自属事功，不干为学事，岂知为学若不以天下为心，则内外分离，人己隔绝，痛痒不相关，存主失矣。何体认，何涵养之可言？故立品而忘天下，背性之人品也。主静而忘天下，昧性之学术也。

“修身为本”不只是“吾身”，而是要扩充到“天下之本”。学者不能将“身”局限在自己的“七尺之躯”，若如此则失去了“本”。如果以为“济世”只是一种“事功”而与为学无关，就会导致“内外分离，人己隔绝，痛痒不相关”，也就无法进行涵养、无法树立其人品了。其实陈龙正批评的主要是那些“主静而忘天下”，终日枯坐一室之学者。他还说：“意诚而后心正，慎独而后有未发之中。有中，则不患不中节，中节则身修，而家国天下无遗理矣。”修身功夫，与诚意、正心以及慎独等密切相关，心中存主于天理，涵养“未发之中”，才能发而“中节”。实现修身之后，然后实现齐家治国平天下，这就是“孔门宗传”。陈龙正说：

> 修身为本，孔子之宗。求其放心，孟子之宗。敬修慎独，孔门宗传，万世无弊。象山意轻之，非不神解妙悟也，仅成古之狂也肆。后来效象山者，则又今之狂也荡而已矣。后贤提挈宗旨，各各不同。孔子早提出修身为本，几许入门，终归于此处。凡提宗者，一生频频提醒，开口不肯离去，唯恐闻者忘之。圣人于经，虽揭此四字，一生未尝专揭，此谓无宗之宗。随问随答，极平常，乃极变化。惟变化不复，意味无穷，使人闻而不厌。益闻者各开端绪，随其端而竭之，

不必指此，已是此矣。

孔子、孟子所倡导的“敬修慎独”，都是“修身为本”的具体内容，只有修身才是万世无弊的。但陆九渊（象山）却有所轻视，效仿陆九渊的诸如王阳明及其后学则更加狂而荡。此处没有明确指出王阳明，这一点值得注意，因为陈龙正对王阳明的济世之道本是非常推崇的。他还批评后贤，特别是晚明学者“提挈宗旨，各各不同”。实际上，孔子早就指出“修身为本”，指出后也没有什么“频频提醒”之类的“专揭”，而是随问随答，极其平常而又极其变化。唯有平常之中的变化，才能“使人闻而不厌”，个人分别去“随其端而竭之”，从具体的应事接物入手体会，方才能真正实现修身。

陈龙正的“修身为本”，还有另外一层意思，就是孟子所说的“万物一体”思想。《孟子·尽心上》：“万物皆备于我矣。反身而诚，乐莫大焉；强恕而行，求仁莫近焉。”这在宋明理学家那里进一步发展。张载提出“民胞物与”的思想，其《大心篇》也说：“大其心则能体天下之物。”程颢《识仁篇》说：“仁者，浑然与物同体。”王阳明《大学问》说：“明明德者，立其天地万物一体之体也。亲民者，达其天地万物一体之用也。”这些思想显然都对陈龙正有着重要的影响。《学言详记》说：

万物皆备于我，修身为本，修其万物同体之身也，惟知所以修身者，知万物同体之意。修身至大，满腔子皆生意。天地有大德，于此亲切见之。

“修身为本”，在陈龙正看来是“修其万物同体之身”。把握了“万物同体”，体会了“满腔子皆生意”，体会了天地万物的生生之理，就能实现《大学》所说的“修齐治平”了。《学言详记》还说：

念头从万物一体处起，功夫只在修身。天地之大德曰生，人皆有不忍人之心，此二语，是孔孟提出道学大原。恐人不知如何用力，所以又说明明德许多条目。然只看欲明明德于天下一句，已将念头功夫合总说完。后世学问不本诸好生之心，一切嘉德芳名，都只从一身上，纵做得完全无破绽，终非知道。无他，念头起于自身，功夫反在外面。总只颠倒了，须是念合而功专。

学者的念头，就要从“万物一体”之处开始，做功夫唯有“修身”。除了“天地之大德曰生”，还有“人皆有不忍人之心”，这两句真是道学之大本大原。至于《大学》具体指向“明明德”的许多条目，都是为了让人知晓如何用力而已。事实上，体会天地“好生之心”，才能真正实现修身；若不管“好生之心”，而是“只从一身上”去做，就不能真正知道，因为功夫在外面了，做颠倒了。

陈龙正强调“修身为本”就是孔门宗传，并且还要从“修吾身”而推广到“天下之民”，受到王阳明《大学问》的影响，故而最终强调“念头从万物一体处起，功夫只在修身”。

（二）去欲改过

“修身为本”。具体如何实现修身呢？陈龙正强调最多的就是去欲、改过两个内外结合、相辅相成的要点。

去欲。什么是欲？陈龙正《学言详记》指出：“欲指何事，欲虽多端，总为形骸上起。”欲，是从形骸上起念，而不是从心上起念，也即受到耳目感官的影响，而未经内心之思想。他在《随时问学》中指出：“嗜欲，嗜欲只是私心客气，私心便是利根，客气便是名根。……搜剔嗜欲，则退藏之中，无非亲亲、仁民、爱物，系恋形骸，则发念之处，无非好货、好色、好名。”嗜欲就是“私心客气”，也就是“利”与“名”在背后起作用，所以去除嗜欲，去除好货、好色、好名之心，才能发挥亲亲、仁民、爱物之心。至于“私心客气”对于人的局限作用，陈龙正《学言详记十二》还说：“私心客气，……见一时则不顾百世，以今时为我之时也；为一乡则不顾他境，以一乡乃我之乡也；为一家则不顾邻里，以一家乃我有而邻里非我有也。”因为嗜欲，所以一个人只是顾及一时、一乡、一家，而不会顾及百世、他境、邻里，他的心也就变小了。

陈龙正还按照对欲的不同看法——无欲、寡欲、多欲、徇欲，而分为圣人、贤人、凡人、狂人四种：“无欲之谓圣，寡欲之谓贤，多欲之谓凡，徇欲之谓狂。”他在《学言上》中说：“无欲者乐之原，有事者乐之实，无求亦无事，其逍遥而已乎。孔乐而不知老也，颜乐而不能罢也，其实事也。有得之视无求，不啻远矣。”“无欲”是快乐的本原，无欲而有事，也即实现其修齐治平而不为欲望所束缚，才是儒家的根本。至于那些“无求亦无事”的人，只是求个体的逍遥，堕落道家、禅宗之流了。还有孔颜之乐，也有“实事”有得，并非“无求”。陈龙正反复区别儒、道、禅的“无欲”之间的差别。事实上，士大夫无法像孔、颜圣人那样做到无欲，故而修身养德，努力实现的就是“寡欲爱人”。

再就“去欲”的具体问题而言，陈龙正《学言详记一》曾对“财色二病”做过分析：

> 财、色二病，处势处心，俱有不同。亲老子幼，身必持家，为州为县，为户曹户垣。金壳簿史，日过眼，日经手，乃是职分，若色自缟衣綦巾而外，有何不得已之责乎？处势殊也。金壳不离手眼，而身脱然，而心超然，可以涉而不有；色则心先有之，而后涉之，乌有所谓对境忘境，居尘出尘者哉？处心殊也。财关易跳，色锁难开。跳得财关，不必离财；开却色锁，直须远色。

说到“财”，不同的身份，经手的财也会有所不同，但每一个职分，都应当明白自己的职责，眼、手、心都要超然，不涉非分；再看“色”，往往生于其心，想要“对境忘境”，则需要更大的努力。“财关易跳，色锁难开”，“财”与“色”比较，他认为“色”更需要警惕，所谓“英雄难过美人关”，“去欲”也实在不容易。只有平时把握自我，严守纪律，远离美色，才能真正摆脱“色锁”。

改过。陈龙正说：“孰能无过，孰不知非，因循则为凡民，勇改则为豪杰。”任何人，只要有言有行，就会有过错，关键是有了过错之后，知其是非，若因循就是“凡民”，若勇于改过就是“豪杰”。他还说：

> 君子常见己过，是明是谦。小人常见人过，是暗是愎。人能事事罪己，是以君子自处也，未论其事之终得与否；人若事事罪人，是以小人自处也，未论其事之必失与否。

君子、小人之别，也在于改过与否。君子见到自己的过错，“是明是谦”，而小人则“是暗是愎”。君子自处“躬自厚而薄责于人”，故“事事罪己”，不太在意一事之间的得失；小人则“事事罪人”，做事过于看重自己失去了什么。

改过还有一个关键问题，就是要善于承认过错。陈龙正《学言详记二》指出：“见不贤而内自省，则不惟无损，而更资其益矣。”“过不可改，则有补之之法。罪不及远，则有解之之法。”能够及时“自省”，而不是文过饰非，才能真正受益。过错发生后及时“自省”，或者补救，或者解释，总有办法。所以，特别要养成反躬自省的习惯，从自己的一言一行开始，即所谓“三省吾身”。陈龙正《学言详记一》说：

> 言发则不可复追，事施则必有其应，可不慎与？
>
> 一日之间，不说差一句话，不做差一件事，还须不起差一个念头，方不虚此一日，日日如此，方不虚此一生。

话说出去了，就是覆水难收；事施加于他人，他人也必然会有回应，故而都必须谨慎。进一步则是反省自己一日之间的每一句话、每一件事，甚至每一个念头，若有错则改，如此一种精神在，“方不虚此一生”。

陈龙正《学言详记二》还说：“既要为君子，自然该受亏，有致而至，是该的，此时便须自反。”“去尘则鉴明，去欲则心觉。”这当然是极为严格的道德修养论。他强调的就是要做君子，“君子坦荡荡”，受亏又如何？若有着万物一体的长远目光，自然不会在意一时一地的得失了。

三、生生为心

陈龙正在其修身论之中，已经强调其所说的“吾身”，并非局限于个体的“小身”，而是有着家国天下的“大身”，故“修身”当从“万物一体”之处做起。事实上，他对于“万物一体”的问题，还有更深的考量。

此处有必要简单谈一谈“生生”思想的基石“万物一体”论之由来，最早有两个源头。《孟子·尽心上》：“万物皆备于我矣，反身而诚，乐莫大焉；强恕而行，求仁莫近焉。”《庄子·齐物论》：“天地与我并生，而万物与我为一。”到了宋代的程颢那里，也有两种说法：

> 仁者浑然与物同体，义礼知信皆仁也。识得此理，以诚敬存之而已。不须防检，不须穷索。此道与物无对，大不足以名之，天地之用，皆我之用。
>
> 仁者以天地万物为一体，莫非己也。认得为己，何所不至？若不有诸己，自不与己相干。如手足不仁，气已不贯，皆不属己。

前一段强调“仁”，有此内在精神境界，则可以心体天地万物；后一段强调“体”，仁者主动去与天地万物一体，然后“博施济众”，实现其忧国忧民的人道主义关怀。真正反复重申“万物一体”思想，且将之用于“下层经世”“觉民行道”的则是王阳明。他多次表述了此思想，比较有代表性的则是晚年口授的《大学问》，其中说：

> 明明德者，立其天地万物一体之体也。亲民者，达其天地万物一体之用也。故明明德必在于亲民，而亲民乃所以明其明德也。是故亲吾之父，以及人之父，以及天下人之父，而后吾之仁实与吾之父、人之父与天下人之父而为一体矣；实与之为一体，而后孝之明德始

明矣！亲吾之兄，以及人之兄，以及天下人之兄，而后吾之仁实与吾之兄、人之兄与天下人之兄而为一体矣；实与之为一体，而后弟之明德始明矣！君臣也，夫妇也，朋友也，以至于山川、鬼神、鸟兽、草木也，莫不实有以亲之，以达吾一体之仁，然后吾之明德始无不明，而真能以天地万物为一体矣。夫是之谓明明德于天下，是之谓家齐国治而天下平，是之谓尽性。

王阳明以“万物一体”来贯通对《大学》的整体理解，无论“明明德”还是“亲民”，通过立、达其“天地万物一体”之体、用，将父兄以及君臣、夫妇、朋友，以及山川、鬼神、鸟兽、草木，都实现其“一体之仁”，也就实现了“家齐国治而天下平”。

陈龙正通过“万物与我为一物”与“仁者一体万物”这两个命题，来发挥其对于“万物一体”的理解，对作为学者个体的“我”如何去体证作了说明，而以此为基础最后发展出来的理论指归则在于“生生为心”。“生生”之理的剖析，才是陈龙正理学思想的核心所在，也是其善学思想的根本所在。

（一）万物与我为一物

陈龙正《学言上》第一句话说：“万物与我为一物，学者知此，色取其焉用乎？爱百姓与爱君一事，入官者知此，主其定乎？保子孙与保天下一心，王者知此，无私其如天地乎？”他认为学者应当明白“万物与我”本是“一物”，学者由此而推知，“爱百姓与爱君”本是“一事”，那么为官作宰的时候，心中自有其主、有其定；再推知，“保子孙与保天下”也应当“一心”，君王对于天下也应当是“无私”的，如同天地之于万物一般，当是生生不息的。这种对于百姓、君主一视同仁的思想，就是他后来从庙堂下来，能够致全力于民间慈善救济事业的根本出发点。

由上可知，人人不可自私。陈龙正《学言上》还说：“自爱莫若同忧，万物备于我，我在万物之中，舍众人而求独安之所，天下有其诸？”“万物备于我，我在万物之中”，个体的“自爱”，不如与众人“同忧”。舍去众人去求个体的“独安”，这怎么可能呢？他接着说：“人者物之主，人各得所，则物自得其所。宓子贱能使单父之民心，皆如己心，而单父之万物得其所；尧舜能使天下之民，如单父之民，而天下之万物，无不得其所。”人作为万物之主，努力使天下之人各得其所，也使天下之物各得其所，比如孔子的弟子宓子贱对待单父之民心如同己心、万物也各得其所，再如尧舜对待天下之民，也是如此。

《学言详记四》中还有一段指出：

> 圣人以天下为一家，老安少怀，分明是一家中事。天下不治，隐痛直如丧家。其穷无所归情景，与大舜不顺乎亲相似；窥见此意者，以丧家之狗喻之孔子。以为家视天下，惟文、武、周公当之。

圣人如孔子，“老者安之”与“少者怀之”，因为其心中具有“以天下为一家”之意，故而天下不治，内心隐痛如同丧家一般。这就是大舜“不顺乎亲”，不被亲人待见，穷而无所归的情景；也就是孔子被人形容为如“丧家之狗”的意思。真正实现了“家视天下”的，中国历史上只有周文王、周武王以及周公三人而已。

为了进一步说明“万物与我为一物”的道理，陈龙正还在《学言详记三》之中举了两个例子：

> 入于荒凉寥落之地，身亦怵然不宁；入于饱暖茂饶之区，身亦怡然有惬。我果何与哉？无心之中，欲二人于己而不得也。万物同体，到处可见，孰知其所以然哉？
>
> 观人情重去其乡，即见反始同人之意。夫远去者，一身易易耳。家人可迁也，何恋而重于去？岂非以丘墓在耶，邻里乡党在耶？此反始同人之仁体，自然团结，自然发动也，推此即万物同体之意具见，人顾不察耳。

前者说到，如果一个人进入了“荒凉寥落”的地方，身体会有“怵然不宁”的感觉；而进入了“饱暖茂饶”的地方，则身体会有“怡然有惬”的感觉。虽然那个地方并不与我有多大的关系，但心中就是会有所触动，就是因为“万物同体”。后者说到，人情为什么会“重去其乡”，其实远去的只是自己一人，家人也可以一同迁去，对于故乡恋恋不舍，不就是因为先祖的坟墓在那边吗？不就是因为邻里乡党在那边吗？这也说明了“万物同体”，故自然就能团结、能发动，只是常人往往习焉不察罢了。

“万物与我为一物”，故人应当无私，无论为官还是为君主都应当如此。人不可“自爱”，而当与众人“同忧”。虽然万物各得其所而“家视天下”并不容易，只有文、武、周公方才实现，但这并不妨碍“天下一家”的关怀，哪怕如孔子被形容为丧家之狗。最后又强调“万物同体”本是一个自然的现象，只是常人习焉不察而已，这正是陈龙正谈其生生之理的一个出发点。

（二）仁者一体万物

再来看仁者，如何去“一体万物”？陈龙正在《学言上》中说：

> 凡人者，自为一人而已矣。仁人者，天下之心，心觉一身之疴痒，仁人觉天下之疴痒。觉之，故不得不安之，未能安天下，且安目前，无安之之权，且使有权者，动念于求安。安之心，果能动之，安之绩，彼自能成之。

人，自然就是“一人”，而“仁人”具有“天下之心”，故不但能觉“一身之疴痒”，还能觉“天下之疴痒”；既然能“觉”，就要能“安”，具有“安天下”之仁心，若没有这个权力，则先“安目前”，然后求动念于“安之心”，再等待时机去讲求“安之绩”。另外还说：“身体发肤，不敢毁伤，及其致命，适以成仁，安危之遇殊也。仁者之视民也如其身，其成物也如自成，是为一体。”一个人，对自己的身体发肤都不敢毁伤，除非在安危的特殊状况之下“杀身成仁”；仁者将天下之“民”看作自己的“身”，成己成物，故而便是“万物一体”。

仁者之“一体万物”，还要涉及士农工商，甚至草木与鸟兽。陈龙正在《学言详记四》中说：“自行道显亲，而仁惠及于万世之士农工商，爱惜周于万世之昆虫草木，此之谓仁者一体万物。”“亲”则将“仁”惠及于“万世之士农工商”，“爱惜”则周济于“万世之昆虫草木”，这才是“仁者一体万物”。

他在此处还进一步说：

> 圣人视草木与鸟兽相似，欲并生哉。斧斤以时，方长不折，庭草不除，为皆有生气在，与远庖厨同意，凡人见草木无声无血，戕伐不顾，止见生质，未见生气也。生气不能见，则生理安能存？圣人之心，一团生理，慈悲广大，又何必言。

圣人能够“一体万物”，也就是将草木、鸟兽都共同对待，都应当“生”，都有其“生气”在。不能因为草木“无声无血”故而看不见其“生气”，更看不见其“生理”。圣人之心，应当本具“一团生理”，故而“慈悲广大”，必然能够维系天地万物之平衡。

当然，“万物一体”也必须注意其中的差等问题。故《学言上》指出：“吾之一体，有差等焉，手足卫腹心，发毛爪甲，以时而去，况于万物乎？如其故，则深于一体之意矣。”虽然是一个身体，但具体的器官，如手足与腹心、发毛、爪甲，都有着差等。更何况万物之间，其中的一体之意当中也是有着差等的。那么如何在差等之中体会“一体之意”呢？陈龙正又指出：“无众寡，无小大，平等在我，以敬之者平之。究使物各得其所，事各就于理，与天地参，一敬成之矣。”无论众寡、小大，但是“平等在我”，故需要用“敬”来对待，从而使得万物各得其所，也各得其理。

万物之所以能够“各得其理”，根本在于天人合一。陈龙正在《学言详记三》中说：“天是人之合总处，人是天之分散处，我又分散中之一也。人虽分散，却括得天之统体，我虽一人，却括得众人之统体，所以我直是天，合天惟在尽己。”天本是个体的人的合总之处，人是总体的天的分散之处，具体的我则是由天到人再具体化的分散之处。人虽然是分散的，但还是有着“天之统体”，具体的我也还是有着“众人之统体”。我既与天合一，也与众人合一，所以与天地、万物一体，关键在于“尽己”。

简言之，陈龙正的天人之学，与程颢、王阳明一样，倡导“仁者一体万物”的思想，使万物各得其所、各得其理，做功夫之处只是“尽己”而已。

（三）生生

仁者应当“无私”，也应当“一体万物”，而实现“无私”与“一体万物”的关键则在人心，确切地说就是“生生为心”。

陈龙正认为，人以身为本。此身既是肉体之躯，也是精神之本，故而需要体证“万物一体”。身体的存在、生命的存在，才是天地万物、一切的根本。故修心、修身，其主旨则还是“生生为心”。《学言详记三》中说：“人者，天地之心，人主天地，犹人心之主身，天地以生生为心，人心以好生而主天地。”即使是不得不杀，也都是迫不得已的。

爱惜生命，则是其出发点。陈龙正《学言详记四》说：“不杀一人，不妄杀一人，皆生意也。残刻之子，已无足云。独恐怀仁心者，处兵刑之位为不幸。”不杀人，特别是“不妄杀人”，才是心中充满“生意”；“残刻”之人已经没有“仁心”了，这样的人若在兵部、刑部则是最大的不幸。

关于去“杀”，陈龙正曾反复论说，比如《学言详记四》：

> 孔子生平，从不言杀。如云“焉用杀”“胜残去杀”“神武不杀”。至罪有必不可生者，又示议狱缓死之义，使人存心，无所不用其仁如是也。摄相三月，亦尝杀人，两观之尸，传讹未可知；夹谷之会，信有之矣。势急罪大，不得不军法从事，行权可也，立教不可也。

孔子“不言杀”，但有罪则还是要杀人，比如“夹谷之会”等，都是不得不杀人，但总要提示“缓死之义”，使人都能存心于仁。杀人是“行权”，仁则是立教。《学言详记十七》也说：

> 圣人以远杀为仁，佛以不杀为仁。佛欲天下皆慈悯，而君子远

> 庖厨，似独全仁爱，而以惨忍之事属小人，无乃隘而未尽乎？曰势不得已也。如佛意直欲不杀固善，然充其类，岂惟戒食肉，并当戒春桑，亦势之所必宰夫之意。圣人虽不得已而杀，然爱物之意常寓于法中。佛氏欲爱物到极处，反不能顾仁民，欲仁民到极处，反不能顾亲亲，无他，失其自然之条理，故意虽广，而道多穷耳。

此条则将儒学与佛学作了比较：儒学“远杀为仁”，佛学“不杀为仁”。事实上，佛教说的“不杀”只是“戒食肉”，对于“春桑”之采摘等也就不去说了。儒家则不同，承认“不得已而杀”的存在，但“爱物”的意思却存于法律之中；也即不是简单的“不杀”，而是在维护社会秩序的前提之下，尽量做到“不杀”。佛教太过于强调“不杀”，则将爱物、仁民、亲亲混淆了。而儒家承认爱有差等，故只是以“远杀”来呈现其对生命的关爱。

再者，人不但要爱惜人的生命，还要爱惜其他生物的生命，故最为重要的就是一个“生”字。陈龙正《学言中》说：“高明者，生气也。天以生物为事。故惟好生者克配彼天，善则善察，非所以当高明也。”天地之间最高明的就是“生气”，生养万物，天地之大德就是“生”。故《学言上》也说：“善莫大于生，无极其能生者乎。阴阳其生之始乎。性其受生者乎。”天道本来就“继善成性”，故善之大者在于“生”，“一阴一阳之谓道，继之者善也，成之者性也”，“性”就在一阴一阳的“生气”之中生成。

《几亭外书》之《随处学问》讨论了“生字贯天人学治”的问题。陈龙正说：

> 张子为“天地立心”四语，包括极大。然一“生”字足以统之。天地以生物为心者也，人之生也，直即其道也。圣学以万物为一体者也，万世之民安其生，是太平也。学不过体大生之德，传不忍于无穷，故学不可不知本，观圣贤书亦不可不求其本。

张载“四句教”说：“为天地立心，为生民立命，为往圣继绝学，为万世开太平。”在陈龙正看来，这四句包括极大，但只要用一个“生”字就足以统括。因为天地本具“生物为心”，而人之生也正是天地生物的直接体现。圣人之学，强调的则是“万物一体”，由空间而时间，故他又强调“万世之民安其生”才是真正的开太平。再者，圣人之学，学的也是体证“天地之大德曰生”，继其绝学则是“不忍于无穷”。所学、所传的圣人之学，必须知本，也即知“万物一体”这个天人之学。

由“生”而“死”，体证“生生为心”，还得贯通生死之说。陈龙正《学言上》说：

> 一日无憾，夜方则安。日日无憾，则平生皆安矣。生如是，死如是。
>
> 君子与人同乐其生，而不与人同其畏死也；众庶乐生者，乐享欲也，死则失其所享矣。此身生与死异，故畏之，君子之乐生也，乐理义也，以正终，则死即其理义矣，没宁与存顺，此心无二。

这两条，都是强调生、死本是一回事。张载《西铭》最后说：“存吾顺事，没吾宁也。”真正的儒家君子乐生，但不畏死，其所乐者乃是理义，故无论生、死都应当得其“正”。然而众人将乐生看作享受其所欲，担心死后无法享受，故而将生与死看作两回事，因此畏惧死亡了。

陈龙正还在《学言详记二》中进一步讨论：

> 奉养启处，常放一个死在面前；居官食禄，常放一个去在面前。此皆必有者，但有迟速凶吉之分耳。便寿考百年以外，亦须死；便作中书令二十四考，亦须去。如何不豫先打点，讨个宁贴，使临时免得慌忙。

若是看重奉养、食禄，也就必然会担心“迟速凶吉”。无论活百年以上，还是官做到中书令以上，都有一个终点，那么为什么不事先“讨个宁贴”呢？此处还说：“有生必有终，虽吕召之寿喻尧、舜，老彭经历商周，其形亦不能与天地长存也。故至人视此为常事，无喜亦无愠，克顺亦克宁。”他所说的，就是要懂得“有生必有终”，无论尧、舜、老彭，都不能与天地长存，所以必须将生死看作寻常之事，无所谓喜与愠，才能真正“宁贴”。

既然如此，为何还有“不朽”之说？其实“不朽”也就是“生”本身。陈龙正认为：

> 三才万物，皆此生也。五德万善，皆此生也。默识一贯，修己治人，继往待来，皆此生也。不亡非身，不朽非名，皆此生也。异端外道，长生无生，不离乎此生也。终身言之，无一言可也；终身行之，无一事可也。不知足之蹈之，手之舞之。

天、地、人三才，关键在于“生”；五德与万善，关键也在于“生”；还要“修己治人”，关键也在于“生”。还有，不亡的不是“身”，“不朽”的不是“名”，而是“生”；即使如佛、道求长生、无生，也不离一个“生”字。他接着在《学言详记四》中作了详细的解释：

> 不朽，非名之谓也。朽对生言，形而下者必朽，形而上者不朽。就人身论，形色必朽，天性不朽。若以事业文章，流芳百世，则有名可闻，与有色可见，总属形而下矣。耳目岂分留弃，声色岂分精粗，试观史子百家，所载姓名，今世活人心里，记忆几人，怀念几人？卧名籍简，亦尤朽腐耳！须是前人之精神意思，长在今世千千万万活人心里，流动充满，方是生，方是不朽。……念至此，岂但奔走嗜欲，供百年之形骸者为大愚；即自好立名，思作千秋好汉，亦甚浮而不切矣。生者何故思慕逝者，此是今日之仁，然则逝者何故感动生者，即是当季之仁。我也，人也，死也，生也，古也，今也，道也，名也，原来惟一。

就“不朽”的问题，陈龙正区分了“形而下”与“形而上”。“形而下”

的诸如“人身”之“形色”是必朽的，而“天性”则不朽；再如事业文章也一样，不朽的是其“名”，有色可见的还是会朽。甚至存留在“史子百家”书籍之中的姓名，也不见得被人记忆，故也是会腐朽的。只有前人的“精神意思”可以“流动充满”，才是真正的“生”，才是“不朽”。由此可知，“奔走嗜欲”，只顾形骸者，自然是大愚之人；过分好名之人，其浮名也是不切实际的。而令人思慕、感动的逝者，只是“当季之仁”，也就是仁者，才能体会到我、人是一体的，死、生也是一体的，还有古与今、道与名也都是一体的，体会到天地之“生”才是“不朽”。关于“三不朽”，陈龙正还补充说：

> 念念爱人，立德、立功、立言之本，可使万物各得其所。故德贵，美期于独擅，恶尔德乎？除天下之梗，扶天下之柔。故功贵，一姓勋高，一路啼哭，罪尔功乎？子闻之思孝，臣闻之思忠。故言贵，自文其心，簧鼓一世之嗜欲，诬尔言乎？不心爱人而心不朽，鲜不以恶为德，以罪为功，以诬为言。

儒家讲立德、立功、立言的三不朽，在他看来，关键是“万物各得其所”，而不是求一个所谓不朽之“名”。道德高贵，若只是“期于独擅”则反而是恶；功勋高贵，若使得“一路啼哭”则反而有罪。若是离开了“爱人”而去追求所谓“不朽”，则是“以恶为德，以罪为功，以诬为言”。

最后，需要说明的是，“生生为心”，就是陈龙正组织同善会的思想基础。《周易·系辞上》说“生生之谓易”，孔颖达认为：“生生，不绝之辞。阴阳变转，后生次于前生，是万物恒生谓之易也。”也就是说，古人所认为的“生生”是万物恒生不绝之意，偏向于形而上。陈龙正到中年时“觉从来自喜文章经济之意，均属无本”，在四十六岁时悟到了“生生”之旨，认为“得生生二字，为学问康济根宗”，于是他将“万物一体”与“生生为心”落实于慈善救济事业。他曾在嘉善同善会会讲时“揭铭于壁间曰：一体万物，尸之以人”。与阳明后学讨论“生生”，集中于理气心性不同，陈龙正将“生生”扩大到了对于地方社会治理的民生关怀之中。

由“生生为心”而推论，世人应当认识“生智与富贵之心”，也即懂得智者、富贵者之责任。陈龙正指出 ：“识生智与富贵之心，乃可为贤智富贵之人。天欲使人皆贤皆富贵之人而不能也。故生智以启愚也，非使之欺愚。生富贵以扶济贫贱也，非使之凌贫贱。”这里明确指出，智与愚之分，就是为了让天生智慧之人去启发天生愚蠢之人，而不可欺骗愚蠢之人。他还认为富贵与贫贱本是上天的安排，不可能都生作富贵之人，但生为富贵之人，必须去救济贫困之人，而不可欺凌贫贱之人。这一思想其实也就是陈龙正组织同善会的思想根本所在。

至于为何要行善积德，陈龙正说得非常之多，比如《学言详记四》说 ：“积德累仁之事，不得恃先世，不得待后人，在我一身，须平生无间断。若上有为善之父母，下有为善之子，此非常大福之人，古今罕有。”积德，不在于先世或者后人，而在于我自己一身，而且必须“平生无间断”；假如父母、子女与自身，都是为善之人，则是古今最大的福了。《学言上》则说：“一穷士动善念，必有曲成焉 ；一达士动善念，必有弘济焉。独为善者孤，相率而为善者裕。引人善事，功视已倍 ；感人善念，不可以数计。”这也是在说善念，必须“无间断”，无论是穷士还是达士，也无论单独为善还是“相率而为善”，无论引导人为善还是感动人为善。

故而陈龙正善学思想的根本，就在于“生生为心”，这本是基于“万物一体”而生发出来的“生生为心”。

四、工夫次第

陈龙正讲到为学的工夫次第，主要涉及“格物与致知”“修与悟”两个方面，从中也可以看到陈龙正对于修心、修身以及实现“生生为心”的具体方法论之所在。

（一）内圣外王

为学工夫，除了“格物”与“致知”，站稳“脚跟”外，还当寻求其中的“头脑”，而不是一直停留在“格致”的阶段。这也就是“下学上达”，也即

"内圣外王"。只是与重视"格致"一样，陈龙正反复强调两个问题：一个就是必须"实实下学"，却不可"空空上望"，只求"洞达本原"而忽视"到处体认"；另一个就是"下学上达"本是一体，"内圣"与"外王"本是一体。

如何"上达"，其中多有误区。陈龙正在《学言详记一》中指出：

> 为人在世，牢着脚跟，快寻头脑，方是善学，不负此生。有等慧士，自负明眼，吾只洞达本原，何必到处体认？心中真谓如此，已是影响；口中聊谓如此，益将沉溺。譬如失足于泥淖蒺藜之中，仰头望山，足与头一体，安得下截自溺，上截自超？此正与下学上达相反。今且口戒非礼之言，身戒非礼之行，心戒非礼之念，日积月累，但能恳切，必到光明。实实下学，则上达有时；空空上望，恐下达难免。

有学者自以为"慧士"，自以为"明眼"，认为可以只求"洞达本原"而不比"到处体认"，甚至不想做"格致"的工夫，如此下去就会沉溺而无法自拔。所以陈龙正强调，必须从口戒、身戒、心戒去除种种非礼做起，日积月累，也就自然能够到达光明境地。也即"下学"工夫实，才有"上达"之可能；若是"下学"工夫空，则只能"下达"而已。于是就学者讲学的具体内容，他又在《学言上》中指出："讲学者，所以学为人子、为人臣、为朋友之道也；所以学出处之分、作止语默之机、取与之节也；所以学治人之术、御事之方也。能此可谓学矣，苟其不能，讲之焉用。"讲学，必当从如何作为一个人子、人臣、朋友的道理出发，也当懂得"出处之分""语默之机""取与之节"，以及"治人之术"与"御事之方"，也就是说落实在"下学"工夫，人生一世最为具体的人伦日用之道之中。

"下学上达"，在陈龙正那里也就是"内圣"与"外王"的一体之学。他在《学言上》中指出："欲明明德于天下，学之志，于斯一矣夫。安百姓以自慊也，学之事，于斯毕矣夫。"学者志于学，也就从《大学》"明明德于天下"开始。从"格物""致知"到"治国""平天下"，都是一体之学。所以《论语》说"修己以安百姓"，才能获得"自慊"。接着他还说："与学者言，使其反求乎皆备之我，则通于外王。与仕者言，使其专务乎民，则入于内圣。”学者反求诸己的“修己”，“万物皆备于我”，故已经“通于外王”；“安百姓”则学者出仕“专务于民”，又已经“入于内圣”，这也是在说从“格致”到“修齐治平”本是一体之学。《学言中》说：“至公无私曰内圣，不远人情曰外王。无私故易知，不远故易从。”为学之道，关键在于“修己”则“至公无私”，有着“万物皆备于我”的一体之关怀。出仕“务民”“安百姓”则“不远人情”，从自己如何作为人子、人臣、朋友等人伦日用“下学”之细节做起，方才能够实现“明明德于天下”的“上达”，方才能够实现“内圣”而“外王”。

（二）修与悟

陈龙正遵循程朱理学，故而特别重视“下学”。但他又与一般的程朱学者几乎只谈“修”而不谈“悟”有所不同，比较看重“悟”，因为在他的思想体系中，认为“下学”与“上达”之间就是差一个“悟”字。《学言详记一》说：

> 高子野店小楼，阳明龙场夜半，其时光景，正朱子所谓“一旦豁然贯通”者。观朱子此言，想其生平亦尝经此段光景过来，第不欲向人道破。大抵学者决须有此一番，若未见此段光景，止于下学。

此处就讲到了高攀龙“野店小楼”之悟与王阳明“龙场夜半”之悟，认为这就是朱熹《格物致知补传》所说的“一旦豁然贯通”，转而推论朱熹当年应当也有这样的“悟”，但不想“向人道破”。然后陈龙正就强调了学者“决须有此一番”。若没有经过一段“悟”的光景，也就只能停留在具体而微的“下学”工夫，无法真正实现“上达”，无法将“内圣”与“外王”豁然贯通了。这里提及高攀龙在“野店小楼”恍然大悟的情形，就是其《困学记》所讲的那一段光景：

> 过汀州陆行，至一旅舍，舍有小楼，前对山后临涧，登楼甚乐。

手持二程书，偶见明道先生曰："百官万务，兵革百万之众，饮水曲肱，乐在其中，万变俱在人，其实无一事。"猛省曰：原来如此，实无一事也。一念缠绵，斩然遂绝。忽如百斤担子，顿尔落地；又如电光一闪，透体通明；遂与大化融合无际，更无天人内外之隔。至此见六合皆心，腔子是其区宇，方寸亦是本位，神而明之，总无方所可言也。平日深鄙学者张皇说悟，此时只看做平常，自知从此方好下工夫耳。

高攀龙先有各种静坐体验，然后等登楼之乐，再读到程颢（明道）书中讲的即便有"百官万务"亦不妨碍"饮水曲肱，乐在其中"，万事万变，其实亦可当作无事。于是高攀龙猛醒，"实无一事"，那么就没有了"天人内外之隔"，天地上下四方之"六合"都在心中，心为腔子，为方寸，其实也就是宇宙，就是本位，故而一切都可以"看做平常"，可以笃实下工夫了。事实上，其中说的"一念缠绵，斩然遂绝""电光一闪，透体通明"等，都是接近于佛学的神秘体验，也就是"悟"。

与高攀龙一样，陈龙正对如何"悟"，有着丰富的体验。据其《家载》说，崇祯三年（1630）元旦，陈龙正清晨起来，听到鸡叫，胸中黯然，百无一事，觉得此身似乎处于无怀氏、葛天氏的时代。他说："古今生死齐视，不复知夕死之为未可也，……应事付物，略无沾滞。"这一记录，显然与高攀龙的《困学记》非常相似：清晨之际，猛然觉得"胸中黯然，百无一事"，然后就能将古与今、生与死等量齐观，自此而悟出了"生生为心"这一思想主旨；无论"应事付物"，若都从大处看，天地万物生生不息，则本无一事可以"沾滞"了。

陈龙正另外还有两个例子，进一步将"悟"的体验加以解释。比如将悟比作"病之初愈，脱落痛快"，《学言详记》说：

凡悟如病之初愈，脱落轻快，病者不能自言，人又安从代言之？然亦有可仿佛其似者，高子西湖皓月，神不偕来，病根毕竟在得丧上，舟中连日研究，忽见得许多分别炎凉，与此心全不交涉，宇宙

> 浩浩荡荡，人心不将变态妄自缠缚，便一样此光景。故孟子曰“所性不存焉”，一时信到此处，却将西湖月夜一点沾滞，豁然消去，此便是当时去病光景。凡人受病不同，然得一病，诸病旋生，去本病，旁病自愈。虽高子当时，偶病在得丧炎凉上，毕竟人生病痛，大段坐此；孔子说不违仁，亦从富贵贫贱开场，只是随人随时，去病机括，各各有别。

此处陈龙正以高攀龙“西湖皓月”之悟来作比方。大病初愈，往往身心轻快，比如高攀龙当年在西湖，面临皓月体悟到宇宙原本“浩浩荡荡”，与人心“全部交涉”，人心只是自己“变态”、自己“妄自菲薄”而已；如果将“一点沾滞，豁然消去”，也就能够不被世态之中种种“炎凉”所束缚了。人得病也是如此，得了一病，相关的病也随之而来，那么根本之病去除，其他相关的病也会自然痊愈，故做工夫需要有所“悟”，明白内心“一点沾滞”之处是什么，然后将之去除，必然就能豁然。比如高攀龙感叹的“炎凉”，孔子感叹的“富贵贫贱”，等等，必须有“随人随时”之“悟”，方才能够把握“机括”。这个“悟”也就“各各有别”了。《学言详记》另一处，陈龙正又将“悟”比作患病鼻塞之后的“豁然大通”：

> 悟大都是从迷而破，从缚而释耳。予尝患鼻塞，不知香臭二年，日以为苦。谨出入，绝嗜欲，灸上星、囟会二穴者至再，忽于第三年孟夏，起步东廊，豁然大通，乐不可支。此便是悟时光景相似，在不得悟家快活张皇也。然仔细一思，知香臭只是我鼻乎本分。

人之所以有所“悟”，本是因为有所“迷”，比如两年鼻塞，然后做着“绝嗜欲”以及针灸等治疗，到第三年夏，在自然界的气味的刺激之中，“豁然大通”。这种身体的愉悦，确实类似于心灵、思想之“悟”，于是有“快活张皇”的兴奋。但事实上，这只是自己本分之内的事。鼻塞之通，必然与其保养治疗有关，治愈之后恢复的嗅觉也只是其鼻子本应具有的功能。那么学者做工夫之“悟”，其实也就是为学历程之中原本应有的那些“修”的工夫体段，只是平常之际未能觉察，而因某一契机在“豁然”之间，消去“沾滞”，顿时觉察起来了。

需要注意的是，“修”与“悟”之间又有着本质的区别，陈龙正特别强调“修可为，悟不可为”。《学言详记》又说：

> 学问自扫除嗜欲而外，更无别事。非谓澹然澄清，遂一无所事事也。始于销镕，自然思虑精微，义理充实。人伦日用，到处妥当，渐久渐熟，上达天德。所以修可为，悟不可为。谨言敏行，修也，随念提醒，亦止于修。养于未发，亦止于修。惟思虑所通，忽有入微之处，近于悟矣。然尤是识解，未可云悟，悟非豁然贯通，不足以当之。

学问之道，关键在于“扫除嗜欲”，而不是通过诸如静坐等方式求一个“澹然澄清”而“无所事事”。也就是“下学”工夫，将思虑求个“精微”，求个“义理充实”，换言之则是在人伦日用之中求“到处妥当”，渐渐自然可以“上达”。“修”就是“谨言敏行”与“随念提醒”，也就是“未发”等，属于“下学”;“悟”就是由“下学”而“上达”的瞬间，将思虑之通中，求个“入微之处”，这不是一种“识解”，而是一个“豁然贯通”。

“悟”难能可贵，真正可为的工夫还在于“修”，为求得“悟”而“修”。陈龙正因此特别讨论了“思”。《学言详记一》说：

> 终日终夜，徒思无益。而洪范专归虑望于思。学志问思，合为求仁之事，而朱子有近思录之辑，何居？道曰思道，诚曰思诚，毕竟思为学问之主。
>
> 世间妙理，有穷思力索所不能及与不暇及者，偶然说到，偶然遇着，会迸将出来。但不是平昔穷思之人，亦迸不出，正如思不远悟，非思不悟。

因为有些妙理，“穷思力索”也不可触及，但“偶然”却能说到、遇着，然后迸发出来，这也就是“悟”。不过“悟”必须建立在“修”之上，也就是说需要平时的“穷思”才能迸发，“穷思力索”则离“悟”不远，所以说“思不远悟”；若没有经历“穷思”，则一定不能有所“悟”，所以说“非思不悟”。

陈龙正热衷于对“悟”的讨论，故就《中庸》的工夫次第，“博学之，审问之，慎思之，明辨之，笃行之”，有一个整体的认识。因为对于“悟”特别重视，故而在学、问、思、辨、行五者之中，“学”与“行”自不用说，紧密结合“悟”字的也就是“问”与“思”“辨”，故陈龙正对此三者专门进行了辨析。

先来看“审问之”。《学言详记一》中说：

> 善鸣不易，善叩亦难，问之所贵，全在一审。……学者听言，全要会此一转，如闻人说一善事，必问其意思如何，作法如何，闻称一善人，必问其心何所注，功何所用，才何所宜，此之谓审。如此一审，有三益焉：一得彼人之真，二得称之者诚，三可反观于己。若茫然听过，则善事在人，我后来遇着机缘，苦无做法，善人在耳，我后日与之相遇，不知所以用之，岂非宝山空回。

“问”的关键在于“审”，学者听人说话，要有一个“转”之处。比如听人家说到一个善事，需要问其中的“意思如何”“作法如何”；一个善人，需要问其中的“心何所注”“功何所用”，这就是“审”。再者，“审”可以带来三种好处：一是体会其人之真，二是体会其心之诚，三是反观于自己。如果只是茫然听过算过，那么将来自己遇见善的机缘，也无法做善事、为善人，最后就是“博学之”而“不知所以用之”，也就是“入宝山而空手回”。

再看“慎思之”。这是“悟”的关键，故陈龙正讨论最多，在《学言详记一》中有着详细的辨析：

> 学问自是贵思，只要不出其位，无邪思耳。无思是说道体，慎思、

近思等项,是说学者之用心,有何相碍?……不知圣人亦有说不思时,如云不思而得,又将何以别之?无思自指道体,学者体道,思则得之,功夫熟后,自可至不思而得地位,明明白白,何用纠缠生事?况天地无忧,圣人有忧,配天地者,不妨有与天地不同处,乃所以为配也。人能弘道,非道弘人,弘道者以能思而合其何思。原未尝异,必曰思出于自然者为无思,则所谓易之无思天下之何思,岂尝有自然之思虑,寓乎其间?是究亦不能一也,何必无事强生事哉?

学问之道,贵在"思不出其位",也即"思无邪";至于"无思"或"不思而得"指的是"道体",也即自然而然的天理流行。但学者往往需要去"体道",需要工夫做得熟透,才能达到"不思而得"的境界。天地无忧,圣人德配天地,故最终境界则是"无思",但普通学者需要努力做到"何思",也即合于其位。故学者可以不必去求"思出于自然者为无思",而是在日常的言动中努力去做依循天理的工夫。故陈龙正此处还说:

言动之循天理也易,不言不动之合天理也难。宜思而思,思是天理,宜不思而不思,不思是天理。思不出位又细于思无邪,违理义谓之邪,依理义而未合乎时中,即谓之出位。平生无出位之思,才是心得其正。

所谓"慎思之",关键在于无论"言动",还是"不言不动",都要努力合于天理。再具体而言,则是"思不出其位",也就是"宜思而思""宜不思而不思",也就是"思无邪"。依循天理而思就是"合乎时中",若是一个人一生都无"出位之思",其心也就最得其正道了。陈龙正还说:

虽生知之圣人,从幼即何思何虑,恐无此事。须思虑透后,万理璨然,一理浑然,方能从心所欲。如逃世之人,百事不理,其心亦能休息,然义理不明,只是顽空,不可谓之何思何虑。必如周孔,

> 一念不生，万事之来，一一都应得，所谓寂然不动，感而遂通天下之故，此方可谓之何思何虑，不动固是，遂通亦是。

《周易·系辞》:“天下何思何虑，天下同归而殊途，一致而百虑。”即便是“生知”的圣人，从小能够做到“何思何虑”，恐怕也无法做到其所思都合于天理，还需要思虑熟透才能“万理璨然，一理浑然”，然后“从心所欲”；至于逃于世外的人，平时百事不理，其心虽能休息，但对于天理则终究不明，故只是一个“顽空”，不可以说是做到“何思何虑”。真正地实现“何思何虑”，如同周公、孔子，“一念不生”，但“万事之来，一一都应得”，内心也就是“寂然不动”而“感而遂通”。所以说，陈龙正认为“慎思之”，还是要经过一个思虑之熟，努力使得思虑都合于天理，最终方才能够实现“何思何虑”，也即达到“悟”的境界。

关于“慎思之”，此处还有一个补充：“至是无非之理，虽自古所传，似是而非之事，亦自古有人指破，然未敢便随古人信之破之，须自己深思实晓，方可。”虽有“至是无非”的道理，也有“似是而非”的事情，而且都曾有古人的论证，但还不能轻易跟随古人去“信之”或“破之”，而是要自己去“深思”而确实知晓，方才可以。这也就是“慎思之”之后还有“明辨之”的原因所在。陈龙正《学言详记一》还指出：

> 惑非疑也，疑是徘徊于物理，因思而起，人所不能无；惑是孟浪于情志，因不思而底，人所不可有。疑是要研穷到底者，惑是要当下丢开者。疑须求明者而问之，惑全须自辨。

此处区别了“惑”与“疑”:“疑”是因“思”而起，且必须“研穷到底”，求个明白而问;“惑”则是“孟浪于情志”，不去慎思方才有惑，惑还需要“当下丢开”，也即当下解决，故需要“明辨之”。陈龙正还有补充：“辨者，思之决机。因有几路，须与抉择个至是，与观其会通相似。”“明辨”为“慎思”的“决机”，因为有几种不同的可能，也就必须有一个抉择，确定其中最恰当的；而此决断又与会通是相似的，真正能够会通，也就真正能够决断了。

（三）格物

晚明学者，大多围绕《大学》之“八条目”来讨论工夫修养问题，特别是对“格物”与“致知”二目，讨论最为繁复。东林学派的高攀龙就对此二目讨论极多，并以其“格物”说重新诠释《大学》的义理架构，提出自己的新改本，先后写了《古本大学题辞》《大学首章约义》《大学首章广义》等文章。

陈龙正也不例外，其《学言详记一》名为“功夫上”，也就是“致知在格物”的解说。其中多有针对阳明心学的混淆“格物”与《大学》其他各个条目，将“格物”与“理”“情”的关系，以及“格物”的对象、步骤等，加以反复解说。

关于“格物”，陈龙正的观点也即程朱理学家所说的“即物穷理”。他说：“日从事于格物，此物交于前，此理即随之而出，研精力索，所未必遇者，触目可以见之，指掌可以陈之，所以洋洋优优，终身焉不厌也。”每日从事“格物”，就是要实现遇着每一“物”，都能体会得其中的“理”。经过这一段“研精力索”的过程而实现朱熹《格物致知补传》所说的“豁然贯通”之后，未必遇着过的“物”，触目见之，也可以对其了如指掌，说得出其中的“理”。

进一步则指出，“格物”作为关键的工夫，也是因为“情”与“理”之关系复杂。陈龙正说：

> 理义未明，其心之安、不安未足据。或浮而专顾世情，是认世情为本心也；或僻而不顾物情，径行己意，是认本心在物情之外也。事情有宜顾，有不宜顾，非格物何悬分其宜不宜，非格物何悬使本心之自得？

“理”不明则“心”不安。内心浮躁，则只顾及“世情”，将“情”看作“本心”；内心“偏僻”，则反而毫不顾及“物情”，任凭自己的意思而行，将“本心”看作“物情”之外。事情有的应该顾及“情”，有的不应该顾及“情”，所以必须认真去做“格物”的工夫。不经过“格物”则不能区分“情”与“理”，不能使得本心真正“自得”。尤其值得注意的是，陈龙正特别强调“物格而后知至”，故关键不是外在的“物”，而是内在的“心”，也就是“本心之自得”。他说：

> 如心本之仁，就尧之所以治民格之，必如是，方无亏于仁，而吾之知仁者至；心本知孝，就尧之所以事亲格之，必如是，方无亏于孝，而吾之知孝者至；心本知义，莫肯为盗、为穿窬，格乎诸侯之取非其有，士之言不言皆锯，然后知义所当充，有若此知类，而吾之知义者至。

“本心”就应当知仁、知孝、知义，但即便是尧、舜等人，也要通过“格物”才能“致知”，具体则要通过“治民”“事亲”或者“莫肯为盗、为穿窬”之类才能实现“格物致知”。

陈龙正还特别强调“心”。他说：“夫勿为昧心违理之事，可谓有善人之质矣。惟恐未明所为心，则不识不昧，未明所为理，则不能不识，故致知为急。”“致知”的目的就是“穷理”，也就是“识心”，也即明白“心”之所以为“心”，不可“昧心”。至于如何才能“致知”，则又回到了“格物”。陈龙正说：“性，形而上者也；知，亦形而上者也。性不可言，言性之用而见性；知无可证，即所别之物而显知。如药性寒热何在，但欲之食之，有作寒作热之用，则其性之寒热也。吾心之知何在，能别此是彼非，与其何以是何以非，则吾是非知心也。”“性”与“知”都是“形而上者”，也即都是“道”，故而本身不可言说。“性”需要在其“用”上见，“知”需要在具体的“物”上证，这也就是说“致知在格物”，“吾心”之“知”。区别何是、何非，关键都在“格物”。

至于“格物”的对象与步骤，陈龙正还有一些补充。他说：

> 一切人伦日用，又何疑哉？详说反说，皆格也；思之虑之，皆

格也。所说所思虑者，必物也。远取诸万类，近取诸吾情，莫非物也。但物无穷，吾安得穷其无穷？不过细吾心、竭吾才，就人伦日用切且大者，穷究之使无遗蕴，而余固可触类而通矣。明乎近则举远，察乎经则达权，其他泛者琐者，虽有所存而不论，不害其为物格也。虽明日晴而后日雨，此草何名，此鸟何出，圣人有所不知焉，不害其为知至也。

“格物”的对象，必然包括“一切人伦日用”，无论详说、反说，或者思之、虑之，都是“格”；而其所思所虑的对象，也都是“物”。但“物”有远有近，“物”是无穷无尽的，那么如何“格”得呢？关键就是把握“触类而通”的道理，其实也就是上文所说的“修”与“悟”的关系。抓住“人伦日用”之中最“切”最“大”的问题，“穷究”而使其毫无遗蕴，方才可以“触类而通”。然后可以由近及远，由经达权，至于那些泛泛的、琐碎的，也就可以“存而不论”。好比各种草、各种鸟，圣人不知道其名字，也不害其已经“知至”了。他还说：

且如喜怒者，人情至切者也，何日不有，而不必能自认也。喜所不当喜，不自知其失也，或当矣，而不中节，不知其节之如何也。有人焉，遇某事，众喜不喜，众怒不怒，吾于是格之，始知其本不当喜怒也，众皆习而此其性也。又有人焉，遇某事，众所哀乐过甚者，而彼适可则止焉，吾于是格之，始知其节如是止也，众虽发乎性，而不能止乎节也。是喜怒哀乐之为物，合内外者也。尤夫仁之于治民，孝之于事亲，必格乎喜怒之为物，而后吾所以为喜怒之知始至也。

也就是说，“格物”之对象，还包括人的喜怒之情。“情”本来就是人最为至切的、每日都有的，具体而言，需要通过“格物”来实现喜怒哀乐“发而皆中节”。当喜还是不当喜，当怒还是不当怒，不当看众人之习性如何，而当自己去“格物”；同样，哀乐之际如何才是“适可而止”，也当自己去“格物”。陈龙正还强调，喜怒哀乐之间的“格物”，必须“合内外”，也即“心”之所发的“中节”与否，在于外在所遇着的“事”，也比如内心之“仁”在“治民”上“格”，内心之“孝”在“事亲”上“格”，这也就是“致知在格物”。

关于“格物”的重要性，陈龙正指出：

> 然羲睹马而画卦，舜观象而加察，禹遇龟而演畴。马也，七政也。龟也，孰非物乎？三圣人亦物格而后知至也。然则格物之功，固兼统乎生知之圣，而遗物之说，与学知以下致知功夫，全不相摄矣。

伏羲画卦、舜加察、禹演畴，也都是“物格而后知至”的结果，都是对马、龟等“物”的探究。所以说，即便圣人，也都必须经历“格物之功”，若是遗弃格物而后求“致知”，也就“全不相摄”了。

“物格而后知至”，陈龙正其实还是以朱熹《格物致知补传》来作解释。他说：“尧舜，物之善者也。妄取妄言，物之不善者也。就善、不善，各究其极，是物格也，然后吾心洞然于仁孝义之理，无复一毫疑眩，一毫偏蔽，是知至也。”无论善、不善，“各究其极”，就是“物格”，然后“吾心洞然于仁孝义之理”，做到“无复一毫疑眩，一毫偏蔽”，就是“知至”，也就是实现“吾心之全体大用无不明”。陈龙正并不多谈具体如何“格物”，而是特别强调其目的在于“知至”，也即“心”之明“仁孝义之理”。这也就是上文所说的实现“下学上达”，实现“内圣外王”。只是无论伏羲、尧、舜，都必须通过“格物”这一工夫，所以《学言详记一》还说“故格物之功，可以无不包举，无不通贯”。

总之，陈龙正关于为学之工夫次第，发展了东林学派高攀龙的思想。比如他强调内圣外王之学，特别重视士大夫对于治国平天下的关注，然而实现“内圣外王”具体落实于“下学上达”，关键工夫却在“下学”；实现“上达”则必须依靠“悟”，但“悟”的实现又必须依靠“修”；至于如何“修”，关键还是在“格物”这一“无不包举，无不通贯”的工夫了。就其特点而言，除了特别强调由“内圣”而“外王”的一体之学外，就是反复论及如何“悟”；为了避免学者受王阳明的影响，则又反复重申“格物”的具体对象与步骤。

五、对于阳明学以及佛、道的态度

陈龙正的理学，总体而言是承继于东林学派，故而属于程朱理学的新发展。然而晚明以来最为兴盛的还是阳明心学，嘉善的士人也多受心学的影响，故而陈龙正在对阳明学多有批判的同时，还是有着少数继承之处。至于佛教，陈龙正批判更多，但他的批判往往围绕细节问题，且基本没有特别严厉的话语，故排斥佛教不很彻底。这当与佛教思想对于慈善运动多有助益有关，更何况与陈龙正一起推进慈善事业的友人多有信佛者。至于与佛教密切相关、在江南士人群体中颇为流行的放生会与功过格，也与同善会结合较为紧密，故陈龙正不会强烈排斥，且在进行宣讲活动的时候，还会利用放生会与功过格的某些思想资源。不过就其本人而言，则还是采取消极的态度：不参与放生会，也不记录功过格，还保留一定程度的质疑。总体而言则是慎思之、明辨之，对士人之讲学与对下层民众之宣讲，采取一分为二的态度。

（一）对于阳明学的批判与继承

东林学派的学者，为了救治阳明后学之中玄虚或猖狂之类的流弊，开始围绕王阳明四句教之中的“无善无恶”等心性问题，对阳明学展开批驳。顾宪成与高攀龙都曾与阳明后学管志道（1536—1608）展开过此问题的论辩。当然，就高攀龙本人而言，对王阳明思想学术的看法，不是简单划一的，而是错综复杂的，在诸如格物、诚意等每一节目上都曾有过辨析，就总体而言则是否定之处远远多于肯定之处。

陈龙正则与其师不同，他虽也对王阳明的部分观点还有批评，但总体态度却要温和得多。比如他在《学言详记一》当中说：

> 阳明之学最重笃行，全本人伦。彼恶世学之袭取于外，故专反事于内，乃以求自慊之意，轻见闻，非以口舌见解蔑躬行也。特因骇之者众，遇信向者，即津津称许，不暇观行。未几，亦寻悔其立教之不能无病矣。

在陈龙正看来，阳明学本来就重视人伦日用之笃行，因为担心学者过于向外用功夫，故特意强调“反事于内”而求自慊，对于见闻之学有所轻视，但并非纯粹口舌论辩而蔑视了躬行。然而王阳明遇见信从其学者，往往多有称许，还来不及观其是否有真正的躬行，所以说其学虽无病，其立教则“不能无病”。接着他还指出：

> 病不在致良知，病不在知行合一，病在无善无恶。如云“欲观花，则以花为善；欲用草时，复以草为善”，岂知此独可言花草耳？若禾与莠，便实有善恶；世间实有君子，实有小人。何可谓从吾分别心起，其徒自得此说，遂有混同清浊、观忽操修之见。

就阳明学的具体而言，陈龙正认为“致良知”与“知行合一”无病，有弊病的只在“无善无恶”，这一点与高攀龙正好一致。然后就批评“无善无恶”说，王阳明曾说“欲观花，则以花为善；欲用草时，复以草为善”等等，于是陈龙正指出，花与草之间可以说彼此互为善恶，其他比如“禾与莠”就只能是禾善而莠恶，自如“实有君子，实有小人”。故不是人故意生出分别心，而是本来就有善恶的差别，不可“混同清浊、观忽操修”。当然陈龙正还是肯定王阳明其人的：

> 然阳明惟立身无玷，所以忌其功、病其事者，莫得以他事訾之。若彼英哲，使天假之年，所谓无善无恶、即心即理等说，未必不自改正，如朱子晚年彼往自非，适以见重于百世也。

他认为王阳明自己的“立身无玷”，他人不过是忌惮其事功，然后用各种理由去诋毁，甚至还强调若是王阳明活得如朱熹一般长久，则会将其“无善无恶”与“心即理”等在程朱理学的学者看来有流弊的学说，自己去改正了。

由此可见，陈龙正主要是反对“无善无恶”与“心即理”二说，前者因为与阳明后学的流弊密切相关，且顾宪成、高攀龙多有批驳，陈龙正只是继续补充批驳而已；后者则是程朱理学与陆王心学的最大区别所在，理学讲“性即理”与“即物穷理”，心学则讲“心即理”，核心问题不容混淆。至于王阳明的“致良知”，陈龙正并不反对，他在《类辩上》中说：“良知出于孟，而阳明之豁然自喜其悟者，又进一层。”因为“良知”出于孟子，故本不可为非，而且在王阳明那里则将“良知”理论又精进了一层。

另外还有一些问题，陈龙正在细节上对阳明学依旧有所批驳。比如论及“格物”，他完全不认同王阳明对朱熹“格物”的批评，《学言详记一》说：

> 故格物之功，可以无不包举，无不通贯，而实未尝屑越其精力于泛滥琐碎之归，又何虑万物之不胜格乎？王文成谓朱子添出理字，孔子当年何不直言穷理？然平心论之，直言穷理，理在吾心，学者或仍有遗物求心之病。不如言格物，天生蒸民，有物有则，格之者，正即物而求其天则也，虽物无则，故则不可以单言，言物而则在其中。格之者为谁，固不患其逐物而遗心矣。

陈龙正指出，“格物”就是“无不包举，无不通贯”的工夫，并非“泛滥无归”的琐碎工夫，也不必如王阳明担心“万物之不胜格”。王阳明还说《大学》“格物”之注解的“理”字，是朱熹凭空增添出来的，若是必须“格物穷理”，那么孔子为何原本不直接说出来呢？于是陈龙正解释说，即便当年孔子直接说了“穷理”，“理在吾心”，学者依旧还会犯“遗物求心之病”，所以《大学》关键在于“格物”，因为“天生蒸民，有物有则”，“格物”就是求此“天则”，“言物而则在其中”，也即“物”必然包括“理”，关键在于如何“格之”，而不是担心“逐物而遗心”。

再如就本体与功夫的关系而言，《学言详记一》还说：

> 本体无可言，言本体者机锋耳。本体无可寻，寻本体者静观耳。然静观于本体最近，为其为功夫也，即龟山传之程门者也。机锋于本体无干，为其非功夫也。未有转法轮之心，而效其转法轮之口者也。

接着他就开始批评王阳明的“本体”学说：“阳明最重本体，然令人静中搜剔色利名根，其实实有事如此。益嗜欲绝则天理存，功夫到则本体出，言之何涉、寻之亦可见乎？好谈本体者，云须讲彻本体，则功夫自易用，嗜欲自易淡，非倒说也。明道云‘天理二字，是自家体贴出来’，体贴之与寻索悬矣，况口舌谈辩耶？”王阳明“令人静中搜剔色利名根”，这在陈龙正看来，属于“好谈本体”。所谓即本体即功夫，“讲彻本体，则功夫自易用，嗜欲自易淡”，这本是大多程朱理学家所反对的。陈龙正认为“功夫到，则本体出”，故而“本体”原本不必言说、不必寻索。再如程颢（明道）所说的“体贴”，就是“嗜欲绝则天理存”，也就与王阳明所说的“寻索”本体，完全是两回事。其实，好谈本体，与好谈“无善无恶”是一回事，故必然为陈龙正等东林学者所反对了。

此外，《学言详记四》有一条可以作为补充：“昔阳明先生总制两广，赞有司条陈，每云先得我心之同然，此已近无我气象，然较之大舜，尚有自家一点影子在胸中。”王阳明在两广的相关条陈，已经有“无我气象”，孟子说“心之所同然者何也？谓理也、义也。圣人先得我心之所同然”，若心中都是天理，则必然可以“无我”。不过就此点，陈龙正也并非完全赞扬王阳明，他还是认为王阳明相比大舜“尚有自家一点影子在胸中”，也就是说王阳明尚未达到大舜一般的圣人的境界。

至于王阳明的“万物一体”之说，必然是与其“致良知”“知行合一”等一样，陈龙正也大体认可，甚至可以说不但非常认同“万物一体”，还继承并发展出他自己“生生为心”的学说。换言之，阳明学的“万物一体”

之论，本是陈龙正身心之学以及平治之学的出发点。关于这一点，上文已有专门讨论。

有明一代，陈龙正自然特别推崇王阳明，特别是其地方治理的乡约、保甲等制度则几乎是全盘继承的，故曾特意辑刊《阳明先生乡约法》《阳明先生保甲法》，这在嘉善的乡村治理之中也多有实行。

陈龙正对王阳明“十家牌法”的继承，要从晚明江南地区的实际情形讲起。当时的江南，频繁的灾荒导致社会动荡，流民遍地，盗贼猖獗。陈龙正曾在给嘉善知县李陈玉的信中特别指出，要提防那些水路要害地方，因为这些地方向来就是盗贼的渊薮。他认为，在嘉兴、湖州两府接壤之地，湖州若发生盗患，嘉兴仅能震恐，难于援手。因为在水多之处，盗贼逃脱十分容易。嘉善县地处浙江省嘉兴府、南直隶松江府和苏州府等三府的交接地带，是嘉兴府东北的周边地区，盗匪丛生。嘉善县西部的三店地方，“弃乎秀水、嘉善之间”，更是一个盗贼云集的地方，此地盗贼肆虐、猖狂嚣张，甚至到了“白昼劫客舟，毫无顾忌”的地步。被劫之人报诉至嘉善县衙，盗贼就会逃到附近的秀水县，“隔属不能关”；上告到秀水县衙，但因为不是发生在秀水县境内，“秀水不代理嘉善被劫之民”。三店是嘉善县到嘉兴府城的必经之路，秀水人很少去嘉善，因此遭劫的多为嘉善县客商士民，这种状况在崇祯年间延续了十多年。

陈龙正在给李陈玉的第六封回信中，还详述了这样一件著名的盗案：崇祯年间的嘉善大盗薛二寿，不但行盗，而且强占百姓之妻，“赌博酷横，诸恶毕臻”，十分嚣张。尽管薛二寿后来被捕获，但捕盗缉寇也已成为当时的最重要之事。对此，陈龙正认为：“当今大机宜、大利害，惟在寇横民穷。”将盗寇横行之祸与人民贫困之忧并提，以致他得出了这样的看法：“大抵敝邑（指嘉善县）未愁外寇，专忧内变。”他还向时任礼部尚书的嘉善籍官员钱士升提到了一个更为严重的问题，即地方官衙的部分公职人员也或明或暗地加入了寇盗的行列。他说，嘉善邻县的寇盗，行劫无虚日，以至于有一日之间行劫数家、行劫数舟的，官方不敢收护，百姓又不敢鸣官，原因就在这些盗寇与衙门捕役相为表里，时间长久就更加嚣张了。

于是陈龙正提出了细密的捕盗措施。首先，要提倡推广保甲法，这是弭盗安民的传统政策。其次，由于嘉善县内变之患大于外寇，因此防御宜以“固结民心”为要；清查饭店及各寺院，使其不得容留外来杂人；访查核实“屠狗之家”，使“吊狗掏摸”等一切的小偷小盗，都无法藏身；编定乞丐头目，使强壮的乞丐不得“逞雄攘臂”。除此之外，对穷民要加强安抚，防止他们作乱。在陈龙正看来，所有这些措施的基础在于推行王阳明所创制的“十家牌法”，这是基层社会最有效的控制手段。陈龙正以王阳明在江西的经验强调说：

> 后世不知保甲为治民之要，则不行，行之又不能无事。昔王文成先生抚江右，平变制胜，其本皆出于十家牌，立法申谕，尽精极微。……固本地之人心，清外来之奸细。

十家牌法在一定程度上能够很好地解决以上这两个问题。一般来说，保甲制度最初的本意，就是在于广行教化、移风易俗、清讼防奸。十家为一甲，登记造册的时候，甲长负责查核他所在这一甲之中的另外九家，总甲长只查甲长，层层负责，以期做到稽查省力又易于操作。另外，关于控制僧寺，严防盗贼，陈龙正的说明也较详细。他认为：“迎名僧讲经，易伤风教；迎名僧住持，易酿盗贼。”而且，强盗往往会把寺院当作藏身之所，如果这种情况发生在城市里面，那就更为可虑了。陈龙正还向李陈玉指出，尽管乡兵巡检的设置对于弭盗是很有益的，地方乡兵武装的主要职责也在捕盗，但是乡兵的役务很繁重，所以当时乡里民兵多情愿交纳钱粮，以此免去巡役之苦。在给嘉湖分巡道叶香城的信中，陈龙正进一步表示了他对弭盗的看法：

> 惟拔麾下一二忠良精巧之人，嘱令默访积窝并其渠魁，置之重辟，余则听令自新。严设十家牌法，互相保举，庶几盗贼可息，民生可安。
>
> 固境内之人心，清外来之奸细，足以御寇矣。搜所部之奇才，

因敌人之间谍，足以荡寇矣。清奸之要，惟我民既固，彼自无所容。而因间之妙则又必先得奇才，然后可委而用之。

他认为，捕盗缉匪是“目前最重要之事”，其他诸事“无逾于此”。他又重申先得御盗寇之人才，乃是关键。如崇祯年间的嘉湖参政蔡云怡，即是其中典范。蔡云怡曾被誉为“十三省第一宗师”，在任不久，即计擒宿盗巨魁，除却十余年的积患。所以，消弭祸乱关键是在选任贤能，由此“天下安而江南在其中矣；江南安而乡邑在其中矣；乡邑安而身家在其中矣”。

（二）对佛教的排斥

东林学派不同于阳明学派，就其学术主旨而言，是继承于程朱理学。故阳明学有“厅堂三间之喻”，儒、佛、道三教可以和谐并存，东林学派则与朱熹一样，对于佛教主要持批判态度，主张严辨儒佛。陈龙正因为师从于高攀龙，故而对佛教也持排斥的态度。

值得注意的是，据《家载》之《困学说》，陈龙正在十一二岁之时，一度热衷于佛道，还想要学长生术，甚至试图学作和尚。对此，其父陈于王曾经十分生气。后来，陈龙正先是从事举子业，再是师从吴志远，最后正式受学于高攀龙，受到儒家思想的多种熏陶之后，也就渐渐转变了。东林学派除了心性之学，最大的特色就是关注社会政治，学者不能仅仅潜心于学术研究，还应该参与时务，关注现实，最终形成了以言论针砭时弊、左右时政的所谓“东林党人”。因此，佛教所主张的“出世”与“无为”等观念，就成为东林学派批判的对象，特别是阳明后学之中儒、佛、道三教合一等思想，则更受批判。陈龙正对佛教多有批判和质疑，比如他所主持的陈氏义庄，其族条之中就明确规定，族人不许出家为僧尼。而在其《几亭外书》之中的《随处学问》一卷，就收录了《佛拗过天地》《佛戒有斟酌》《佛不中庸》《佛未尝平等一身》《佛家神通无用》《释教无益中国》《佛无利用厚生》以及《超度追荐之谬》《进香之愚》《护法兴寺之愚》等多篇批判佛学的文章。这在东林学派之中，也是不多见的。

对于佛教的诸种理念，陈龙正几乎都有所质疑。《佛拗过天地》说：“天地交合，男女媾精，人道之所以体天，而人类之所以生生也。”这是针对佛教的出世与禁欲。他认为天地交合才能生生，男女也一样，天地之道、人道都应当符合生生之道。《佛未尝平等一身》说：“一体之中有分别是自然，无分别是矫强。……强欲平等，何尝强得来？口口言万物无别，其于自身乃竟有差等焉。”这是针对佛教的“众生平等”。在陈龙正看来，天地万物，自然就有分别，又何必勉强？而佛教所倡导的其实也并非真正的平等。他接下去还讲到佛家自言平等，但却在信众中列出十大弟子，显示低昂，这又怎么能称作平等？他在《佛家慈悲不可非》与《昧天地性》中说：

> 言人物无贵贱，虫蚁皆父母，是乃混性忿伦。
>
> 佛教慈悲单说好生，劝止妄杀，多茹澹素，破饕餮性，岂非正道？何反贱视人类，夷之禽兽，甚至自残其身，割肉喂鹰，投崖饲虎，是欲置人居禽兽下。成混淆见，成颠倒见。

这两条是针对佛教的慈悲之说。佛教说人物无贵贱，其实与“众生平等”一样，都是不可能的，都是“混性忿伦”。因为慈悲而劝止妄杀、吃素食，则破坏自然的“饕餮性”；至于佛教徒“割肉喂鹰，投崖饲虎”，则颠倒了人与禽兽，更是无法称之慈悲了。

《释教无益中国》指出：“佛法盛行皆乘乱极之世。彼亦坐观天下之乱，而不能救也。”佛教往往盛行在“乱极之世”，但他们“坐观天下之乱”而不能去救，也就是说佛教对于平治天下，完全无用，故无益于中国，反而还会导致如《乱世以释教持世》所说的“风俗败坏，宗社丘墟”。此外，陈龙正对于佛教的“轮回”“空无”等理念也都提出了质疑，此处不再赘述。

再者，对于护法兴寺、超度、进香等等，陈龙正都有过比较强烈的批判。《丛林害民》说：

> 今释氏能以僧养僧乎？其健壮者，且不农不工，坐食而用，皆以民养僧也。……彼老病僧众，广募钱财，投纳寺主，方得收入丛林，

是吾民又代彼养老病耳。故意丛林愈盛则民生愈贫，民生愈贫礼义不生，盗贼益多。

佛教能否实现“以僧养僧”？健壮的佛教徒往往不农不工，都依靠民来养。甚至佛教兴办的恤老病之事，其实也是借此而广募钱财，方才可以收入丛林。故护法兴寺其实只会增孽，只会导致民生之贫、盗贼之多。至于老病之人，在陈龙正的救济事业之中，自有养济院，以健壮者周养，也就是以民养民，方才长久。还有《超度追荐之谬》指出，若如佛教所倡导的，只要超度了就能免除罪过的话，就会误导人去纵恶杀生。《进香之愚》又说：“夫消前业，正须作善，岂在焚香佛前？况前业既定，虽烧香仍不能免，则烧又何益？”佛教既讲“消前业”需要去做善事，那么去佛前烧香又有何益？佛教也讲“前业既定”，既然烧香也不能免除，则何必烧香？至于在佛教节日沉溺于进香，不仅费时费财，甚至还导致因信徒群聚而发生踩踏等意外事件，则更非慈悲可言了。

此外，针对明末江南地区受到佛教影响，而渐渐开始盛行的火葬习俗，陈龙正也提出了批判。大灾之年，陈龙正曾多次参与给棺、掩骼等活动，因为这本就是同善会相关的慈善事业。但就尸体的处理问题，他还是坚持儒家传统观念，坚持土葬之法。他还专门撰写了《火葬解》一文，批驳火葬焚尸的现象。

与陈龙正不同，同为同善会的创办者的钱士升、周丕显，却多次捐资于佛寺。事实上，钱、周二人对于佛教确实比陈龙正表现出更多的兴趣，他们的思想有着中晚明以来儒、佛、道三教合一的特征。不过，对于乡村治理与赈灾救荒事业，钱士升与周丕显则与陈龙正完全持相同的观点，二人也都是积极救世、救民的士绅群体的代表，只不过他们进行慈善活动的思想背景是儒、佛合流的，甚至在某种程度上佛教的影响还要多一些。

就陈龙正与钱士升、周丕显等士绅能够很好地合作，共举同善会，共同主持各种慈善活动来看，陈龙正与他们虽然存在学术差异，但还是可以取得融合，并不因学术观点而发生矛盾。换言之，陈龙正对佛教的排斥，其实还是有所保留的。

（三）放生会

与陈龙正同时代的江南名士钱谦益（1582—1664，字受之，号牧斋，常熟人），曾作有《放生说》，其中指出：

> 唐宋之世，天下始有放生池。唐乾元中，命天下置放生池，凡八十一所，颜鲁国文忠公为之碑。宋天禧中，王钦若奏以西湖为放生池，为人主祈福，苏文忠公谓西湖不可废者五，此其首也。

放生会，起于唐宋，唐代有朝廷下令设置的放生池八十一所，颜真卿（709—784，封鲁郡公，谥文忠）还为之题写碑额；宋代的苏轼（1037—1101，谥文忠）论及疏浚西湖的五大理由，其一即为放生。放生会到了晚明时期复兴起来，与云栖袾宏、蕅益智旭等高僧的推动有着极大关系。蕅益曾多次为放生会作序，在《放生社序》中说：

> 佛以杀生为首戒，儒以好生为大德。成汤解网，子产畜鱼，凡全吾恻隐而已。充恻隐之心，仁不可胜用，引伸触类，便是大慈大悲。人心佛心，有二心哉。人心不异佛心，则娑婆不异极乐，谁谓劫浊不可转也。欲即人心证佛心，转劫浊成净土，术莫妙于放生。

佛教戒杀生，儒家讲好生，都讲人人都有恻隐之心。人心与佛心不异，而想要“即人心证佛心”，然后“转劫浊成净土”，最简单易行的方法就是放生。

万历以来，放生会在江南地区极为盛行。有的放生会也会采取吸纳会员的方式，会员每月缴纳会费，每次集会则举行聚餐和集体放生等活动。嘉善地区也多有放生会的活动，据支大纶（1534—1604）《放生河约说》记载，当时嘉善士人仿照佛家放生，“岁市生鱼数十尾舍之，以资冥福爱，就不腆丞尝之业，濒涯诸所为放生河”。买鱼放生，还是为了求得福报。他还说：“人贪一匕之味而鱼受无量之苦，其不伤天地之性哉！冤报相寻轮回反掌，徒啖口腹，永堕恶趣，有人心者可不慎之。”人吃鱼，鱼受苦，伤害了天地之性，冤冤相报还有轮回，甚至堕落恶趣。如此说放生的意义，也都是佛教的理论。支大纶等人制定“放生河约”，要求族人亲戚在嘉善境内东南西北四境之内的河道里实行放生而不杀生，与渔民也约定捕鱼之限。

陈龙正从不参与放生会，但也没有排斥，他在《学言详记十七》中指出：

> 举放生者，若入会而爱物，出会而仁民，生平不忍害一人，而随所见物之可矜者，买而放之，岂不诚善事哉！岂不诚仁术哉！愿会中人，以仁心行仁事，方其未放，实怀齐宣戚戚之心，及其放之实同子产得所之叹。又因爱物而仁民，逆而推之，无异古人善推之用，不复较计功德，而功德靡穷。

对于放生会“爱物”的理念，陈龙正自然是赞许的，但同时又强调放生会的会员出会之时必须“仁民”，也即“生平不忍害一人”，方才是善事、仁术。将对动物的关怀，扩充至“以仁心行仁事”，不计较功德，才是无穷的功德。

当然，“放生”背后，还有更深一层的问题有待思考。他接着说：

> 放生会，因有人妄取之，故需有人买而放之。若渔猎有时，食用有节，则所用者少，所舍者多。物命皆安，凡有应放者，已早在所舍之列矣，未尝有人妄取，又安所得而放之？盖自中华古先王之政不行，而天竺古先王之教乃至。

真正的“爱物”，在于“渔猎有时，食用有节”，也就是说提前做到“不妄取”，也就不必“买而放之”，只有这样才能恢复“中华古先王之政”，而这也是佛教“天竺古先王之教”。他对“爱物”却不“爱人”等颠倒轻重的现象进行了批评：“豺虎蝮蛇，亦生也，放蛇虎，亦放生也，然其出也，必伤人伤物，此后所伤之生，皆放生者伤之也，所全者多乎，所伤者多乎？”放生，不可毫无原则，比如“豺虎蝮蛇”，随意放生则容易伤人伤物，故不可为放生而放生。他还说：

> 每见悭夫刻子逐事皆悭，作佛事偏慷慨，待人皆刻，遇和尚肯周旋，只是为彼所给。……又如世俗入会放生，病类齐宣，思及虫鱼，不慈同类，推其受病，况彼殊根，彼止不思，颠倒轻重。

悭吝、刻薄之人，每每作佛事很慷慨，对一般人刻薄，对和尚则肯与之周旋。还有的人，参加放生活动之时会想到慈爱于虫鱼，但偏偏对自己的同类、对一般人却一点都不慈爱，不愿意出资救助一下。另外，陈龙正在《戒杀辨疑篇序》中指出：

> 彼谓物不小于人，而吾谓人必大于物。误而妨一人，虽救众物，不足以赎之。故而害一人，虽活无穷之物命，岂能消之。愿放生者，必以爱人方便人为主，由爱人而及物可也，因爱物而急急回溯于爱人可也。不能无害之孽，而欲恃放生以消之，则惑也。

放生会说“物不小于人”，但像陈龙正这样的儒门正学则强调“人必大于物”。若是妨碍了救人，哪怕救尽众物，也不足以赎罪。所以说必须要“由爱人而及物”，再因爱物而“回溯于爱人”，决不能心存放生可以抵消罪孽之类的想法。还有《政书》之《同善会讲语》说：

> 如今这会，救济活人，扶持好人，尤觉亲切。人人听些好言语，说些落实的故事，看些现在的阴骘报应，连那爱物的心，自然也触动了，一应鸟兽虫鱼，自然也会爱惜。几曾见真实做好人的，恣口杀生。这会却是个放生会的源头。

陈龙正在同善会宣讲中指出同善会救济、扶持好人，也会讲到“阴骘报应”，触动“爱物之心”。对鸟兽虫鱼都爱惜，从“爱人”而生出“爱物”之心，方才是“真实做好人”，也就不会“恣口杀生”。所以说，同善会才是放生会的源头。为了给同善会吸引更多的会众，陈龙正等人对于放生会，虽不完全认同，但也不会排斥。

关于放生会，还有必要补充与陈龙正同为“东林派人士”的绍兴士绅祁彪佳（1602—1645，号世培，山阴人），将绍兴与嘉善两地的放生会情形也略作比较。祁彪佳与陈龙正一样，在崇祯年间有过短暂的出仕，只是到了弘光朝，陈龙正拒绝出仕，而祁彪佳则再度短暂出仕。他与陈龙正还有一个共同点，就是参与并主持了地方的赈灾救荒事业。祁彪佳在其日记里记录了救荒的各种细节，撰写了《救荒杂议》，编撰了《救荒全书》十八卷，篇幅比陈龙正的《救荒策会》还大。但祁彪佳对于放生会的态度，与陈龙正截然不同。

当年绍兴的放生会，以祁彪佳本人为首倡，其中大多成员也来自祁氏家族或其亲族。崇祯八年至十年之间，每个月的初八日，也就是寺院的众姓放生法会日。据《祁彪佳日记》的记载，崇祯八年的十二月初八日，崇祯九年的正月、二月、四月、六月、七月、八月、九月、十月的初八日，崇祯十年的二月、四月、六月、七月、八月、九月、十月的初八日，都曾举放生会。此外，如崇祯八年十月十五日、崇祯九年八月十四日，也曾举放生社。放生的地点，主要是在祁彪佳的私家园林所在地寓山的六竹庵（又作绿竹庵或菉竹庵），还有弥陀寺，还有直接在河湖之中放生的。放生日的中餐，则在庵中素食，也即“伊蒲供”。放生会上，众多士人聚集并且小憩的时候，还会听僧说法，一起讨论修养之道，也会讨论赈灾之类的地方公共事务，偶然也会论及颇让人担忧的政治时局。此外需要补充的是，在放生会活动的过程之中，经常会引来鬻生的商贩，于是他们会将商贩带来的鱼虾买下后再放生。

明末清初江南地区的放生会，也多是延续到了清代，逐渐从仅仅“放生”发展到了掩骼、施棺、惜字等，也就是类似于同善会的综合性慈善组织。其实作为慈善组织，叫作同善会或放生会，都没有什么大的差别。当时的儒生与僧人，也会既参与佛家的放生，又参与以儒家为主导的赈灾救济等慈善活动。或者说，在中晚明三教合一的趋势之下，儒、佛会通而实现“救世”是一个主流，故其间也本就没有什么大的隔阂。

（四）功过格

与放生会一样，与佛教有着密切关联，并在晚明士人群体之中盛行的，还有功过格。记录功过的做法，由来已久，比如道教经典《太平经》中有《大功益年书出岁月戒》，其中说：“过无大小，天皆知之。簿疏善恶之籍，岁日月拘校，前后除算减年；其恶不止，便见鬼门。”宋元时期流行的还有《太微仙君功过格》，立功格三十六条、过律三十九条，其序言指出：“修真之士，明书日月，自记功过，一月一小比，一年一大比，自知功过多寡。”

功过格在晚明的盛行，则与嘉善人袁黄有关。他曾热衷于斋食僧侣，参与佛教放生和捐建寺庙，是著名的佛教居士。他在中年之时，受到高僧云谷禅师影响而“改天换命”，后人将其多篇文章汇编成著名的劝善书《了凡四训》，其思想主旨就是将佛教与儒家、道家思想杂糅会通的结果。《了凡四训》之二即《改过之法》，列举了十大类善：与人为善、爱敬存心、成人之美、劝人为善、救人危难、兴建大利、舍财作福、护持正法、敬重尊长、爱惜物命。他还说有些善事当记为百功，有些则为五十功、三十功、十功、五功、三功、一功；同样，有些恶事当记为百恶，有些则为五十过、三十过、十过、五过、三过、一过。例如“救免一人死，完一妇女节，阻人不溺一子女，为人延一嗣”，准百功；“致一人死，失一妇女节，赞人溺一子女，绝一人嗣”，准百过。功过格虽不是起源于袁黄，但经过《了凡四训》，在士人群体之中有了广泛的传播。

阳明后学，比如周汝登（1547—1629）与陶望龄（1562—1609）、陶奭龄（1571—1640）兄弟等人，都对功过格大为推崇，不过与袁黄略有差异。在程朱理学家那里，比如陆世仪，年轻之时也曾使用过功过格，并且还写了《格致篇》，但晚年之时则反对功过格体系。同样尊朱的高攀龙虽然不对功过格全盘否定，但还是批评较多。特别是借助鬼神而得到上天感应的思想，高攀龙认为这实际上就是在鼓励为利而行善。而至于其好友刘宗周，对功过格的批评更为严格。崇祯七年（1634），秦弘祐（生卒不详，字履思）将《功过格》改编为《迁改格》，然后请陶奭龄为其作序，刊行之后将一册呈与刘宗周，刘宗周却说“此害道之书也”。他在与秦弘祐的书信里说：

> 《迁改格》“广利济”一款宜除，此意甚害道。百善、五十善，书之无消煞处，不如已之。记过则无善可称，无过即是善，若双行便有不通处。愚意但欲以改过为善，今善恶并书，但准多少以为销折，则过终无改时。而善之所列亦与过同归而已。有过，非过也；过而不改，是谓过矣。有善，非善也；有意为善，亦过也。此处路头不清，未有不入于邪者。至于过之分数，亦属穿凿，理无大小多寡故也。

刘宗周认为教人将“记善”与“记过”相互“销折”，这就容易导致“有意为善”，滋长功利之心。因此，刘宗周特别编撰《人谱》，倡导改过之说。在《人谱》之自序中，刘宗周说：

> 友人示予以袁了凡《功过格》者，予读而疑之。了凡自言尝授旨云谷老人，及其一生转移果报，皆取之功过，凿凿不爽，信有之乎？予窃以为病于道也。……了凡学儒者也，而笃信因果，辄以身示法，亦不必实有是事。传染至今，遂为度世津梁，则所关于道术晦明之故，有非浅鲜者。予因之有感，特本证人之意著《人极图说》以示学者，继之以六事功课，而《纪过格》终焉。言过不言功，以远利也。

刘宗周站在正统儒家的立场上对于袁黄及其《功过格》提出批评，他认为袁黄的《功过格》导人于因果之说，将善折过，必然使人滋长功利之心，这与禅学一路将学道说得“高之或沦于虚无”一样，都是“为道而远人”，离开了人伦日用本身的道德践履，所以都不是儒家正学。刘宗周的《人谱》则强调“证人”的思想，用《人极图说》来告诉学者把握人伦日用之“六事功课”，用《纪过格》来反省自己的言行，只能记录过恶。不可记录善事，因为改过就是为善，而善事本身却不可抵消任何过恶。这就避免了“善恶并书”，然后“有意为善”的现象发生。

袁黄本是嘉善的名士，后被列为乡贤，他在嘉善士绅群体之中有着巨大的影响力，故而功过格在嘉善也流传较广。陈龙正少年时代曾得到袁黄的称赞，但他后来师从于高攀龙，故而对功过格里头的某些观念也多有批评。比如高攀龙曾批评过的鬼神感应的问题，陈龙正在《学言详记三》中说：

> 鬼神，气也；人之善事善言，亦气也。凡事言而善，宜皆足以感鬼神，而有不然，这何也？鬼神，气也，而通于人心。善事善言出于心，则神与之不通；或不出于心，则虽鬼神见其心，而不孚其气。此不诚不足以交神明之说也？

鬼神属于气，人所为之善事善言也属于气，那么善事善言本应都足以感动鬼神，但事实却多有例外；鬼神通于人心，而善事善言也出于人心，那么善事善言本应都与鬼神相通，但事实却多有不通。这两点都说明鬼神感应之说是不成立的，做善事说善言而得到鬼神的感应，显然只是一厢情愿。陈龙正还在《学言下》中说：“行一善，人皆愿意；救一人，人皆答应，非必本身获报。为一恶，人皆怒之；害一人，人皆不愿，非必本身获罚。人皆气也，心为神也。”行善与救人，本来就是一个人内心所愿为之事，不是为了获得什么福报；作恶与害人，也本来就是一个人内心所不愿为之事，更不是为了获得什么报应惩罚。而人本身就是气之流行，人之心也就是神，人心本来就在自我监督。

陈龙正对功过格的鬼神报应虽不太认同，但在诸如同善会宣讲等活动之时，却又会对此说法有所利用。比如袁黄《了凡四训》之《积善之方》说：

> 务要日日知非，日日改过；一日不知非，即一日安于自是；一日无过可改，即一日无步可进；天下聪明俊秀不少，所以德不加修、业不加广者，只为‘因循’二字，耽搁一生。

《同善会讲语》当中，陈龙正也曾说:“为善的门路只有两条，……一是改过，二是反观。”“日日有可改之过，人人有可反之身，一日不改，一日便增了几般罪过，何时解脱烦恼？”这种改过思想，显然与功过格的报应观有着继承关系。袁黄强调“日日改过”，陈龙正也强调“日日有可改之过”，再补充说“一日不改”就会增加罪过。他还在改过法之外，又增加了反观法，即看到他人的过恶时,每个人都要反观自身。也就是在利用袁黄学说的同时，又更加严格了。另据《政书》之《家载》记载：

> 时揆儿卧床蓐者二年余矣。医家强进以胎骨丸，谓服之可立起。拨，喟然曰：“死生有命，吾不幸罹疾病，又岂忍食同类以求生乎。”竟未服。顾余曰：“儿有米数百石，乘今散之，以救春荒。”余善其言。……当日父子一念恻隐，尽心安命耳。迨五月间，余自外归，俄见揆儿起步堂上。……设当时服胎骨而靳施济，愚者必以为胎骨之效，何如坚存此一点之恻隐，至今无憾于心哉！

陈龙正之长子陈揆生病卧床两年，拒绝胎骨丸而实行施济，自然是出于恻隐之心，以及尽心安命之义。但在五个月后陈揆病愈起床时，陈龙正还是想到了当时的抉择。他虽未强调行善事对于病愈的意义，但是此意思却已暗含其中。

还有《几亭外书》中的《雷击耕夫》一则，说的是佃农朱某遭雷击而死之事：

> 皆谓此人无大恶。余转展数日,未得其故。天岂有偶然杀人之事。遣人细访之，则是雷震之倾，其妻在家见黑焰满室，……而邻家则天清气朗，无所谓黑焰也。乃知天特击之，断非偶值戾气。盖必阴犯大罪，四十余年，无一人知。

陈龙正特意派人查访，又特意记载此事，其实还是相信雷击之事不会偶然发生，必然是因为“阴犯大罪”。人若犯有过恶，必然会有报应，不管此过恶他人知与不知。由此二则记载可知，《功过格》事实上还是深刻地影响着陈龙正的。

从高攀龙、刘宗周到陈龙正，对于功过格的批评，共同代表了儒家正统的立场。他们批评袁黄的《功过格》过于偏向佛、道思想，因其导致劝善改过带上了严重的功利主义色彩。但是这种批评，事实上只局限于士人群体内部，是为了讲明何者为纯正的儒学；至于对下层民众，则不必如此严苛。这也就是《人谱》的影响始终局限在少数士人之间的原因所在。事实上，陈龙正为了推行同善会，必然会在宣讲中借助《为善阴骘》《太上感应篇》等善书，而借助嘉善乡贤袁黄《了凡四训》及其功过格也是自然的事情。他还在多次宣讲之中用到了“报应”“修福”“阴功”等词语。

包筠雅在其《功过格》一书中指出，士绅们将功过格看作一种工具。它不仅有助于在百姓中树立有利于社会秩序的价值观，也是促进百姓个人道德进步的工具。因为通俗易懂的善书，简便易行的功过格，在下层民众之中，还是能够起到导人行善改过、维护地方秩序的作用。作为常见的道德修养工具，从晚明一直到民国时期，功过格一直在下层民众当中流行，尽管也一直有批评的声音在严肃的士人当中产生。

第八章　同善会讲

日本学者夫马进先生指出，陈龙正的地方救济事业是通过创设义庄、灾荒救助、举办同善会三个方面来体现的："同善会是以家族为中心，向宗族和胥五区逐渐扩大，进而向外扩展到最大的同心圆。"因为义庄限于宗族、救荒限于他的宗族生活着的胥五区，而同善会则是面向整个嘉善县域的，所以组成一个由内而外、逐渐扩大的救助贫困的同心圆，并且三者是同时并举、互为支撑、相辅相成的关系。

我们的讨论，将从以陈龙正为主导的制度最完善、影响最大的同善会开始，然后讨论同样有着制度建设的义庄与社仓，最后集中讨论情况最为复杂的赈济救助等荒政事业。

一、缘起

明代正处于"小冰期"，自然灾害十分频繁，灾荒史学者邓云特先生说：

> 明代共历二百七十六年，而灾害之频，则竟达一千零十一次之多，是诚旷古未有之记录也。记当时灾害最多者为水灾，共见一百九十六次；次为旱灾，共见一百七十四次；又为地震，共见一百六十五次；再次为雹灾，共见一百十二次；更次为风灾，共见

九十七次；复次为蝗灾，共见九十四次。此外歉饥九十三次；疫灾六十四次；霜雪之灾十六次，则其尤次焉者也。

到了明末，自然灾害发生更为频繁，崇祯朝几乎每年都发生不同程度的灾荒，而其中影响最大的当数崇祯十三年庚辰（1640）、十四年辛巳（1641）两年之间接续的水旱大灾，被当时人称为“亘古奇荒”。据《崇祯长编》记载：“是年（庚辰），两京、山东、河南、山西、陕西、浙江大旱，蝗。至冬，大饥，人相食，草木俱尽，道殣相望。”“(辛巳，) 两京、山东、河南、浙江旱，蝗，多饥盗。”下面仅以江南地区为例，来看这个“亘古奇荒”的年代。

旱灾：崇祯年间的旱灾具有连年成灾、分布面广且灾情严重的特点。据江南地方志资料的统计，崇祯年间覆盖五个县及以上范围的旱灾年份分别为崇祯五年、九年、十一年、十二年、十三年、十四年、十五年、十六年。其中也有水旱交叠的情况。如崇祯十四年（1641），苏州吴县“五六月亢旱无雨，蝗来，米价每石贵至三两有奇。秋初，蝗复生蝻，禾稼食尽，米价腾贵”，“考宋建炎金兵惨掠后，未有此奇荒”。嘉兴府各县的地方志记载该年，多用“夏大旱”“飞蝗蔽天”“道殣相望”等语，甚至还有“米一石价四两五钱，有割人肉货卖者”等语。

水灾：崇祯年间水灾频发，大灾年份甚至超过旱灾。据统计，崇祯年间覆盖五个县及以上范围的水灾年份分别为崇祯元年、二年、三年、四年、六年、七年、八年、十一年、十二年、十三年、十四年、十五年。如崇祯十三年（1640）的嘉兴府属各县几乎都有水灾：嘉兴县“三月，大水伤稼。六七月间，米价石至一两六钱，饥民如沸，亡命成群”；桐乡县“五月十三日，大雨如注，水溢平地，田禾淹没。十一月冬至，大雷雨。是年米价腾涌，从古所无”；海盐县“夏大水，米价涌贵，乱民群掠富室”。

蝗灾：一般而言，大旱之后必有蝗灾，故方志记载的蝗灾大都与旱灾混在一起。崇祯年间覆盖五个县及以上范围的蝗灾年份至少有崇祯七年、八年、十一年、十二年、十三年、十四年、十五年等。明清之际的曾羽王《乙西笔记》记载了崇祯十四年（1641）上海地区的蝗灾：

> 至崇祯十四年，我地大旱，飞蝗蔽天。余家后墙，蝗高尺许。佃户叶某，种稻田六亩，食之不留寸草，惟见之堕泪而已。余时馆于新市王与卿家，每归以扇蔽面，而蝗之集于扇上及衣帽间，重不可举。

再就嘉善来看，最为严重的灾荒，主要集中在崇祯三年庚午（1630）与崇祯十三年庚辰、十四年辛巳，前者被称为“庚午春荒”，后者或可称作“庚辛大灾”。后者正是陈龙正后来主持赈济的时期，故暂且不论；至于前者，他在早年就对此多有记录，《政书》之中就有对于前者的详细记录。他在《庚午急救春荒事宜》中记道：

> 庚午三月朔之暮，大雷电，鬼哭彻旦，听之如在空中，亦如在门庭，户户悉闻，以为大异矣。比苕松人来，皆言如此，鬼声方数百里，不益异哉？予初七日，自会城归闻之，方凄断。俄又闻穷民有抱其半岁子，沿门呼号，欲授人而人莫应，遂携至罗星桥，投急流中。呜呼悲哉！此外不见不闻、馁病而死、弃捐而死者何限？民极于下，故鬼啼于上。天变示人，至迫切矣。

关于鬼哭，陈龙正认为正是“天变示人”，更何况还有穷人将半岁之子投入急流，于是他发出“馁病而死，弃捐而死者何限”的追问。由此可知，陈龙正从青年时代开始就已经十分关注灾荒问题，这为其后来从事赈济以及发展出丰富的善学思想奠定了基础。

与中原灾情相比，其实江南地区的灾荒相对要轻，但江南本是赋税重地，故严重影响了国家的财政收入。再者，连年的自然灾害其实并不可怕，最可怕的还是朝廷的赈济措施滞后，以及无视灾情而有贪腐行为，方才使得灾情更加严重，最终使得百姓无立锥之地。自然灾害的频繁与朝廷赈济措施的不力，也造就了如陈龙正等地方士绅作为赈济的主导力量的兴起。陈龙正进行赈济活动主导的善学思想，可以溯源至无锡的同善会，而他本人后来在嘉善组织同善会则可以看作其一生的事业，也是其善学思想最为重要的体现。

“庚午春荒”发生之后，当时尚未走向仕途的陈龙正，便已开始其赈济活动。据《陈祠部公家传》记载：“(庚午)三月朔，江南千里鬼哭，时米价始贵，饥民有弃半岁女投河者，公然曰：‘民极于下，鬼喘于上，教民回天，不可后矣。’”其子陈揆说家中尚余米粮数百石，可以济饥民，于是陈龙正大喜，遂首赈胥山一乡为倡，“一方富室救一方贫民之法，亦试行于此”。他在《学言详记》中说：

> 天下无地不有富室，无地不有贫民。一乡之富室，救一乡之贫民，至均也，至便也。虽不均于乐岁，亦可小均于凶年。乐岁不均，民未至死；凶年小均，沟壑者罕矣。然均田之制既难遽行，天下岂有小均之法，又岂号令能使之均哉。仁人处乡，自发其情，随力而为之。

各地的富户自发救济当地的贫民，这本是均贫富的便利之法，丰乐之年可以不均，凶荒之年则必然要均。虽然均田制一时难行，但富户方便可行的“小均之法”，不必官府号令，富而仁者自发、随力而为，也就能够实现地方治安了。到了后来的“庚辛大灾”期间，陈龙正将此思想进一步发展。比如在《辛巳六月公议各乡平粜约》中强调“任事诸友，大抵以本乡人理本乡事”，提出一方富户救助一方贫民之法，这也正是组织“同善会”的思想基础。

陈龙正最早是从其从兄处听说无锡有个同善会，士大夫按季捐资，赈贫助善。看到无锡同善会的《会录》后大喜，于是决心在嘉善创办同善会。陈龙正认为慈善事业“全赖富贵人，首在当道，次即乡绅”，然而富贵人之所以有积极性，则关键在于可以维护自身利益，也即陈龙正在其著作与书信中多次提到的以本地富室救本地贫民。本地贫民能够活下去，本地富室才能有利益。这种理念也体现在具体的救荒实践之中。他倡导各区委派一二名贤达之士，带领一区富室参与救荒，既能缓解灾情，使百姓免于死亡，又能维护各区的秩序，保障富室的利益。

至于同善会的历史渊源，最先成立同善会的应该是阳明后学杨东明（1548—1642）。万历十八年（1590），杨东明在其家乡河南虞城建立同善会。据其《同善会序》的记载，该会脱胎于该县名士的亲睦会，然亲睦会“一饮之外无余事”，而当时的贩夫走卒尚知结社捐费共期为善，何况缙绅冠盖之流？于是他提出“各捐金若干，遇一切贫困可恤、善事宜举者，胥取给焉”，先名之“同乐会”，后更名为“同善会”。江南地区，最早是张师绎在常州府武进县建立同善会，而同县的钱一本则是具体实施者；然后就是无锡的高攀龙，他在钱一本（启新）的影响下，和陈幼学（志行）、刘元珍（本孺）等人于万历四十二年（1614）也创办了同善会。高攀龙在《同善会讲语》中提到：

> 我等同县之人，若是人人肯向善，人人肯依着高皇帝《六言》：“孝顺父母，尊敬长上，和睦乡里，教训子孙，各安生理，毋作非为。”如此便成了极好的风俗。家家良善，人人良善。这一县一团和气，便感召得天地一团和气。当雨便雨，当晴便晴，时和年丰，家给人足，岂不人人享太平之福？

高攀龙在无锡同善会的宣讲之中，先引述明太祖朱元璋的《圣谕六言》，再讲到风俗良善，感召得天地一团和气，时和年丰，才能共享太平。常州、无锡一带的同善会，一直延续到了康熙年间。《康熙常州府志》说：“同善会之举始自明武进钱启新、无锡顾泾阳、高景逸、刘本孺诸先生，踵行之者岁岁不绝。”

据《陈祠部公家传》记载，陈龙正看到无锡同善会之《会录》后，就与丁宾商议，然后与志同道合的周丕显、魏学濂等人一同于崇祯四年（1631）在嘉善创立同善会。当时陈龙正已有举人身份，还未曾入仕，周丕显、魏学谦也同样未曾入仕，但他们仍是嘉善地方名士，具有较高的威信。不过重大的士绅活动，还是需要依靠丁宾这样的耆老。丁宾与陈龙正本是姻亲，且也致力于乡里慈善之事，故欣然接受陈龙正的邀请。陈龙正在《上丁大司空改亭翁》中说：

> 毗陵锡山间，向有同善会，名周贫人，实劝众人，其事似小，其意尽远。今诸公欲仿而行之，命某题数语于简端，咸谓克勤小善，偏赖硕人，得太翁领袖，则响应者必众，而事亦可久。敢以会式奉尘清览，倘不弃遗，则在事诸公之幸，亦某之幸，尤通邑之大幸也。

他给丁宾此信中说的“名周贫人，实劝众人”，指出了同善会推行慈善事业的教育意义——“克勤小善，偏赖硕人”，若能得到丁宾作为领袖，则将响应者众多而事业长久。同善会的发展确实如陈龙正此信所料，他后来在《复钱御泠宗伯》中说：“同善会得大司空慨倡，合邑景从，人心风俗自当有转移补救处，非第拯此百数贫人而已。”此大司空就是指丁宾。有了丁宾作为后盾，在陈龙正等人的主持下，嘉善同善会顺利开展起来，一方面拯救贫民，一方面又对人心风俗起到了转移之功。

陈龙正对于同善会有着极高的热情，不但努力推动嘉善同善会的建设，还极力将同善会向外推广。他曾多次将其《会录》寄送友人，如浙江山阴的刘宗周、汪念源以及山东曹县知县等，也取得了一定的效果。他说：“京师诸老一见会录，即于今秋举行，更名广仁而悉仿其事。每月一举，河南亦有一二处行之。”“所行亦十二三年矣，浙、闽、鲁、豫、昆山、华亭、江西口北，仿行同善会者，亦十余处。”一直到崇祯十六年，陈龙正都在积极推广同善会，于是浙江、福建、山东、河南、江西各省及昆山、华亭、口北等十几处地方都建有同善会。

此外，陈龙正还上疏崇祯帝，希望同善会能与朱熹的社仓一样，得到国家支持而普及开来。崇祯十六年（1643）所上《剖析伪学疏》中说：

> 有谓臣应以历年来倡率赈饥，并义庄同善会诸约式，皆济乡实

事，远近传效，可仰达圣聪者。臣愚思之，先儒朱子立社仓于乡，协济民饥垂三十年，他方仿之，境皆少盗，朱子乃闻于朝，朝廷下其法于诸路，至今传为美谈。……其同善会四季赈饥诸约式，及各省直仿行善会刻录，臣不敢仰尘清览，备行送阁，以略见江湖忧民之思，倘举行益久，传效益众，终得与朱子社仓之法，相辅而行，未必非薄海穷檐、弭盗安民之一助也。

当时有人向崇祯帝汇报陈龙正设立义庄、组织同善会等事，他并不急于为自己所谓伪学辩白，而是将同善会“四季赈饥诸约式”等呈上，并且强调同善会之法，可与朱熹社仓之法相辅而行，此亦可见其推广同善会的积极性实在广大。

二、会讲

和无锡同善会相比，嘉善同善会的组织和管理则更加完善，规模也更大。

据《几亭全书》卷二十四《政书·乡筹》的记载，同善会设立主会一名，每季推选，轮流任事。关于主会的选择，则是“不论有爵无爵，但素行端洁，料理精明者”。主会是同善会的实际组织者和领导者，一个称职的主会决定了救济工作能否顺利有序展开，故而陈龙正强调并不以官位来作为门槛，而是注重于品行和才能。同善会的会员，则称为“善友”或“会友”。

同善会每年举行四次会讲，于二月、五月、八月、十一月的望日举行。第一次会讲应该是在崇祯五年（1632）的二月十五举行的，到陈龙正逝世的南明弘光元年（1645），嘉善同善会一共进行了五十一次会讲，持续了十几年的时间。据其会则规定，倘若会期有变，主会“于循日前，揭于会所”。每次聚会之前，主会还要提前一月或半月准备分送会单，“用白帖数十，分送善友，各自传写”。在会讲前五日，善友将帖子交送主会，主会再按照收到的会友人数，“发单柬若干，付本友转送。订于某日巳时齐银赴会”。具体单式的格式如下：

> 某季同善会期，准订某月某日，会所仍定于某处，自己捐助及转募捐助，俱乞书姓名左方。由九分至九钱，悉从愿力，至期，持银赴会所收贮；或本日无暇入会，乞先期见付，以便总算给发。有续闻极贫人户，查无过恶及孝友贞节，而茕困无依者，开示幅尾，以覆实赈给。倘旧报而近故者，亦明开以便消除。

由此可知，单式上主要写明二事：一是捐助，每人每次，“由九分至九钱，悉从愿力”；可以自己捐助，也可以转募捐助，都要在单式上写明；会期无法亲自到会所，可以提前见付。另一是汇报极贫人户信息，且考察其有无过恶以及孝友贞节，是否茕困无依等，在单式末尾写明；若曾报上的极贫人户已经亡故，也要在单式上写明，以便消除。

主会还需要选择一位“司讲”，请其在会讲之日进行宣讲。陈龙正本人曾多次担任“司讲”，据记载，陈龙正本人所做的宣讲至少有九次，他还辑录了一份《备用讲语》。他也常写信邀请友人前来宣讲，比如崇祯五年（1632）曾邀请钱士升、顾叔夏到同善会担任“司讲”。会日这一天，会友们入场后按序就座，待饮茶之后，会场鸣钟肃静，然后由司讲开始宣讲。至于会讲的内容，如上述高攀龙，常讲《圣谕六言》；还有与之相似的诸如《五伦书》《与孝顺事实》《为善阴骘》，这三部书是永乐宣德年间颁行天下的，“或讲前辈旧制，或用典会新裁，俱以通俗为主，务使人人易晓，感动善心”，主要就是采用通俗易懂的语言来宣扬各种善行的道理与故事。为了避免听者未听明白，“每会更大书讲语一纸，粘贴会所壁上”。在陈龙正看来，同善会除了救济贫人，还有教化的作用，本是乡约的帮手，教化的平台。

陈龙正提出：“舍者亦善，受者亦善，方是同善；行者亦善，闻者亦善，方是同善。”可见同善会最终的目的“同善”，就是舍者、施者、行者、闻者都“善”，也就是人人各守本分，齐心向善。同善会救助的贫人有两类：“第一是好人，第二便助那素不作恶，未入养济院的苦人。”其目的就是“使那些放肆游花，日就穷苦的，生些懊悔，庶几转头。又使后来人说道，原来做人不好，到底无人理他”。也就是说，救济品行良好之贫人只是目的之一，更为重要的还是教育那些因为放肆游花而变得穷苦的人，使其改邪归正。

陈龙正还将乡人分为三等："不是富贵，便是贫穷，不然便是中等人家。……富贵的，大家放宽些；贫穷的，各人要安分；中等人家，不要奉上欺下。"富贵的应该要思量，自己本已占据了太多便宜，应该公道些，分享给别人一些，这样也能使"自己心安，子孙长享"。针对富贵的，陈龙正还有两条重要说明：

> 今开一句口，可以振援人；行一件事，可以救济人：分明是上天与我修福的地位。
>
> 一面修福，一面未尝不享福。……既处富贵，天已把个好人看待我，何不长行好事，去凑那皇天，这便是上等人家不可不为善的缘故。

前者强调富贵的人说一句善言、行一件善事，救济贫人也就是为自己修福气。后者强调为善修福，未尝不是在享福；富贵者其实已经是个好人了，何不多做好事，让皇天知道？这些话部分其实是针对文化修养并不高的富贵者而言的。他还在同善会第七次的宣讲中劝下等人要诚心行善以转祸为福，陈龙正说：

> 富贵的要思量，几百几千人中才生得我一个，人中富贵便像那树中奇花异果、山川中秀石甘泉、天上明霞彩云，人人称羡。
>
> 今既处富贵，天已把个好人看待我，何不长行好事，去凑那皇天，这便是上等人家不可不为善的缘故。……至如穷人，已是十分福薄，生在苦恼中过活。

针对中等人家，陈龙正说：

> 总是个命字，要把力气算计去变他，决变不来。若有一段至公

至诚的心田，不知不觉，他自会变了。……便是下等人家不可不为善的缘故。

平日不作善的人，报应到来，众人也不怜，鬼神也不护。……大抵为善原是人的本心，为恶只是人的习气。一向习坏，皆为不曾思量，亦为无人提醒。

中等之家比上不足，比下有余，“若肯一朝醒悟，将那结交贵人的本钱，零星救济患难之人，多少阴功，多少实用”？中等人家，虽然没有富贵人的力量，可以日日救济贫人，但本本分分做人行善，还是容易做到的。鬼神、报应之类，当然也是针对文化修养并不高的中人而言的。针对晚明以来地方习气大坏，甚至认为作恶也是能事的现象，陈龙正还特别强调“为善原是人的本心”，“为恶只是人的习气”，常人往往顺着习气而不改正，不曾思量，无人提醒，故同善会的开展，就是救治这些人的毛病。

他在宣讲中指出：“为善只有两条门路，一是改过，一是反观。”关于改过，他说：“改一分是一分，改十分是十分。初时像个千疮百孔，日久成个白璧无瑕，便是为善第一条门路。”人非圣贤孰能无过，重要的是知过就改，从千疮百孔到白玉无瑕，就是一个人为善的第一条门路。关于反观，陈龙正说：“人能反观，凭你气质不好的，渐渐也变好了，便是为善第二条门路。”与改过不同，改过是认识到自己身上的错误，然后努力去改正，反观则是认识到别人身上的错误，再反省到自己身上来，检讨自己的气质是否也有同样的问题。只有善于反观，才能更加积极主动地提升自己，故此为一个人为善的第二条门路。同善会不仅要感动善心，还要劝人多行善事。陈龙正还指出：

倡捐劝化，风闻开去，各州县肯效法，便感动了大户心肠。那些穷民，预先知有倚靠，把那向来思乱的邪心，俱消化了。所以说意外兵荒乱离，但体贴得同善意思，果然保守得住……若信个‘同’字，贫富贵贱，合为一心。大户不重钱财，小民尽怀忠爱。太平时便有太平时随常的善事，患难时又有患难时推广的善事。

倡导募捐，各州县效法，感动大户的心肠，同时也使得穷民消化了邪心，即便是在兵荒离乱的年代，也能相互体贴而获得同善的意思。因为一个“同”字，无论贫富贵贱都能合为一心，太平时、患难时善事也就能够不绝了。

三、会资

会资是同善会事业的活动经费，每次会讲的茶水费等花销和救济贫人的经费都从会资中来。每年四次的同善会，会员每人每次交纳会费，“由九分至九钱，悉从愿力”，并在单式上自书尊号和银数，在会日当天持单在司籍者处登记；不参加会讲的会员，则于会日前将银钱送至主会处收贮。后来加入的会员，补送会银即可。对于会资的交纳，采取自愿的原则，根据自己的能力来捐献：“中人之家，不过每日省钱一文；稍赢之家，不过每日省银一分，即可扶穷救苦。其入会之期，亦无定额，或每会皆与，或每年量与一二会，各随心愿。”因为同善会每季聚会一次，也即每间隔三个月一次，普通人之家，每天节约一文，三个月就可积攒九十文，约合银九分；富贵之家庭，每天节约一分，三个月就可积攒九钱。而且规定可以每会都捐助，也可以每年一二会捐助，“各随心愿”，也就不会产生心理负担了。

据《嘉善县纂修启祯条款》记载，崇祯五年（1632）第一次会讲，共募得会费七十封，计银十九两，当时会员已经达到七十人；崇祯十三年（1640）的一次会讲，共募得会费四百五十九封，计银九十三两四钱一分、钱一万一千六百三十文。可见会员人数已增加了近六倍。崇祯十三年，钱士升在同善会的第三十五次会讲中说：“自壬申年起，历年收银钱之数，凡一千五百余金矣。……举行以来，此一千五百余金，各分济于人，于已亦不见损。”由此可知，同善会的规模逐年扩大，募捐也逐年增加，到此时已兴办八年，共募得银一千五百多两银，平均下来每年都有一百八十多两。陈龙正在下一年的同善会会讲中也说：“这会自壬申春行起，至今年辛巳冬，整整十年，初时受济者，不过数十人，今已增至三四百人。”由此可知，同善会在募捐金额增加的同时，受济者的人数也增加了数倍，其影响也就越来越广了。

值得注意的还有，因为会资来自诸多会友的募捐，故银子的成色也会存在一定差异。对此同善会规定："先取足色及九成内外者，酌量多寡，品搭高低。如助三钱，搭色一钱；助一钱五分者，搭色二三分，可也。"银色最次的，不能给付贫人，将其留存以备他用；银、钱二者搭配分发，务必达到均衡之效。

会资在支取完毕之后，主会还要将受助人的姓名和银数以及受助人的户数信息等刊刻成为会籍，在会友之间传看，以示公正。倘若一季结束后，会资还有盈余，主会要将其一总封总，转交下会；等到积累渐多时，再用于荒岁的捐助。

同善会采取会友募捐的形式来储备会资，所得的经费毕竟有限。再加之会友人数经常发生变化，以及受会友个人能力的限制，受助人也渐渐增多，就会使得会资十分紧缺。在此情形下，主会只能个人再行捐资。于是陈龙正提出，不如以置产的方式来解决经费不足的问题。据《相国钱士升碑记》记载：

> 当肇举时，散给不满百人，后渐推广至数倍，醵金不给，则主者捐佐之。公曰：是不可继，莫若置产便。于是自捐庄田若干，岁收其租，入之赢以供会事。凡在籍养生送死，皆取给焉。

后来在陈龙正之妻丁孺人的夜田基础上，合捐田八顷。也即通过购置庄田，以庄田的租金作为同善会的经费。这样不仅能在金额上增加，还比仅仅依靠会友的募捐更具稳定性。

嘉善同善会与其他地方同善会大有不同之处，还在于建立了会馆。嘉善同善会在原有的同善会的组织基础之上，还拥有了一个固定的场所。崇祯十四年（1641），陈龙正将嘉善治东原有的思贤书院加以修整，更名为同善会馆。对此钱士升曾有详细记载：

> 先是会假馆僧寮，未有宁宇，会治东有思贤书院故址，仅存数

> 椽，公谓地足集众，且俎豆可共举也，请于当事撤而新之，构二堂曰仁方、曰义和，而颜其门曰同善会馆。东偏仍祠五贤，余址以建仓廪，言言翼翼，焕然成巨观矣。是冬工竣，聚而落之。……馆基延袤若干步，堂庑若干楹，前后房舍若干间，周遭墙垣若干丈，土木瓦石之费若干缗。

事实上，同善会馆并非利用会资另行建造，而是因地制宜，将旧有的作为士绅集会之所的思贤书院修整而成。书院原来祭祀的嘉善先贤也依旧不变，只是增加了仁方、义和二堂以及仓库等等。同善会利用僧寮聚会，将此书院修整为同善会馆之后，也就更加方便了会讲等活动，提升了管理与运作的效率。

四、助贫与给棺

同善会的会资，除了用于会讲活动的茶水和造会籍册等日常开销之外，其余的主要分成三份：二份助贫，一份给棺。这也就是同善会救济事业最大的两个项目。

关于助贫，因为同善会本是针对一个县域的救济事业，故明确其对象“皆本地穷民，有定居，有定业者”，也就是说以救济嘉善县籍的本地穷户为主。对于受助者的确定，同善会有着严格的入册规定。最初规定“必经正人举报，方准给单”，也即必须具有证人的推荐，然后再经过认定属实之后，才能设立照验单。“开明年貌助数，付贫户收执”，上面详细登记了救济对象的姓名、住所、年龄、容貌以及推荐者的姓名、登记年季，以及每季每月领取的救济金的数目。

为了防止贫户冒领，贫户每季都需持单册到主会处进行核验，“须按底册查诘，或查居址，或查年纪，或验相貌”。核对无误之后，贫户才能够填数领取助银。倘若没有单册，则不准给发助银。对于节妇、贫儒以及老病不便赴领之人，则需要另外发给一帖，明开各项，送交原来推荐的会友处，再由其转交，并索要回帖登记。对于经确访确属贫老以及节孝卓著者，每季都给予资助。其余则量入为出，比如春季给、夏季暂停，等等。一般受济者，会在会友平日咨访准确无误之后，于会日后五日之内获得赈给。对于新补入的受助者，同样也要应账入户，逐一在名下注定银数。对于本季暂停资助的，则要提前标榜公示姓名。对于不符合救助资格及没有登记入访册的，则公示令其各安义命，如临期纷纷，自行陈乞，则一概不准。

随着受助者数目的逐渐增加与救济范围的逐渐扩大，同善会对于受济贫户的入册做出了相应的调整，实际上就是将之分区镇而加以具体落实。同善会在崇祯十四年第四十次会讲之后，出示了《示贫民谕》：

> 今后乡民，有真正孤寡无依，素无过失者，各就本区本镇附近乡绅贤士，自往投诉。听其亲访的确，具开年貌居址，平日生理，举单一到，即换给照验单，准收入会。其余纷纷手摺，登门自诉者，一概不准。

各区的乡民，必须符合两个条件，一是“孤寡无依”，一是“素无过失”，方才可以到本区本镇附近的士绅，也即同善会会友那里去投诉，再由会友前往访问落实，开出推举单据，然后到同善会换给照验单批准入会。

关于救助的对象，具体的规定为：“先于孝子节妇之穷而无告者，次及贫老病苦之人，公不收于养济，私不肯为乞丐者。”一是“孝子节妇”然家中穷困无依靠，二是“贫老病苦”然不被收入养济院、不肯做乞丐，这两类属于可以确证的“孤寡无依”之人。其他贫民，情况较为复杂的，只能零散救助，“止于会日俟众将散时，主会当面以零钱随意施舍，尽其一念而已，余日皆不给”。

同善会的会则中明确规定，四类人不能救助：“不孝不弟，赌博健讼，酗酒无赖，及年力强壮游手游食以至赤贫者，皆不滥助以垂劝善之义。”这四种人，都是违反传统伦理纲常之人，故不应轻易救助，以示惩戒。另外还有四种似宜助而不助者：

> 一曰衙门中人，少壮时，白手取财，受享过分，暮年穷苦，稍偿其孽，此正天道，人谁敢违？
>
> 二曰僧道，不耕而食，造化所嫌，况彼自能广募，此会纤微，无告所赖，岂堪分之？
>
> 三曰屠户，虽行业落定，仁心必短，不敢助其不仁。
>
> 四曰败子，奢华无度，嫖赌双全，荡祖业，坏风俗，其罪大矣，可怜不足惜，正谓此辈。

一是少壮时做衙役胥吏，白拿人家钱财，犯下诸多罪孽，若是暮年穷苦则正是天道之报应；二是僧道，在传统儒家看来，他们不耕而食，而自己能行募捐，故不属于同善会捐助对象；三是屠户行业，杀生则不仁；四是败家之子，因为奢华、嫖赌而使得祖业荡尽、风俗败坏，也不属于捐助对象。陈龙正还指出：

> 有一等无用人，常说我只是命苦，只是无本钱，到得仔细看他起来，毕竟身上坐一件病，或贪口，或懒惰，或心想不定。俗说叫做百会百穷，做食是一去不返的，日日要酒要腥吃，那里来许多？所以贪口是消财的病。小百姓是做一日吃一日的，贪图自在，不要说自家无功程，连别人家也不肯唤去做功了，再有那里家生？所以懒惰是不出息的病。凡做生意，不拘大小，俱要守住，渐渐晓得这件事的头脑，等着这件事的时便，方才趁得利息出来，学做一项，嫌他利轻，又换一项，说道我件件都会，毕竟件件不曾会也！所以心想不定，是一事无成的病。

贫户，常说自己生来命苦、没有本钱，事实上其人自身有着贪口、懒惰、心想不定三种毛病之一。据陈龙正的分析，贪口，主要指参与各种聚会，然后日日要吃酒、吃荤腥美食，美食吃掉了也就没了，空空消财而已，所以俗话说“百会百穷”；懒惰，就是指贪图自在，做一日吃一日，没有长远计划，别人家有活计也不肯去做，所以才会不出息；心想不定，就是想做生意，但不能从小本生意去坚守起来，晓得头脑，逐渐积累，而是学一项嫌一项，换来换去最后什么都不会，所以才会一事无成。他还说："人若戒此三病，除了大荒年，决不愁饿死。"极贫之人，也不见得命里即是福薄之人，关键还是改正贪、懒、心想不定等毛病，自己勤快踏实起来；再加之有了同善会的救济，即便是大荒之年，也不愁饿死了。

总之，从同善会的会则与会讲来看，陈龙正及其会友对于救济对象的甄选作了非常明细的规定，其规定带有强烈的伦理教化色彩。只有那些被传统的儒家的伦理纲常所认可的人，才能够成为救济的对象。会则与会讲不但对衙役、僧道、屠户、败子这四类人为何不当救助的原因作出说明，还对贪口、懒惰、心想不定等各种导致贫困的原因也加以分析，由此可知同善会通过救济作为手段，最终还是为了实现社会教化的目的，故同善会与佛、道的慈善事业不同，有着明确的儒家文化色彩。

同善会的另一项救济事业是给棺。给棺的范围，最初仅限于城中的无告者，且限于耳目之所见闻，因为各种原因各乡不能周济；待到以后会众渐多，捐助会资渐渐丰厚之时，再推而广之，扩大施棺范围。

具体做法，由同善会先期将会中所募得的会资的三分之一，交付木商行，提前置办棺木存贮，木商行再将置办的小票交送主会。与零买相比，这样做不但价格实惠，还能使工料更加优良，又便于应急之需。"有贫不能棺者，主会核查无伪，发票赴行支领。"贫户凭同善会签发的小票，就可以去木商行领取棺木。倘若有贫户想在木商行折领银的，木商行则将收回小票缴还主会。为了防止贫户冒领转卖，同善会置办的棺木上还印有"同善会给"四字，冒领者难于脱手，自然望而息心。此外在气候炎热的夏季，尸骨暴露容易传播疾病，影响公共卫生，于是同善会规定施棺的范围，可以适当扩大至周边的镇、区。

除了助贫、给棺这两项事业之外，遇到荒岁之时，同善会还积极参与到散粮、粥赈、平粜、掩骼等慈善事业之中，而这就与陈龙正所从事的另外两大方面的地方救济事业相关了。

第九章　义庄社仓

晚明时代，江南地区常有民变，比如万历四十四年（1616）发生了著名的“民抄董宦”一案，松江一带的佃户乡民焚毁了名宦董其昌宅第，这就使得很多士绅、富户开始引以为戒，注意搞好和佃户乡民之间的关系。陈龙正等人设立义庄与社仓，就是意识到了地主和佃户相互依存的关系；以本家佃户为主的本区贫民，也就成为其荒年救济最为重要的对象。

陈龙正在积极参与全县救荒赈灾之际，也努力救济陈氏家族成员以及胥五区的乡亲，倡导设立并保持义庄、社仓的正常运作。义庄中设立了一定数量的义田，除周济亲朋好友外，还“远支困乏者”，做到“遇事量给，以昭勿绝”。陈龙正的妻子丁氏以其妆奁捐助义田百亩，起到了很好的示范作用。陈龙正随后订定陈氏义庄的运行规则。朝廷批示江苏布政司的奏议，准许陈氏义庄载入地方上的《赋役全书》，并用以折抵乡人漕运米粮的费用。这使得陈龙正的设想不仅周济了他同姓的族人，也惠及了所有嘉善县乡民。这种做法，对其他大族，乃至全县，起了倡导作用。

与同善会由众多会友共同进行救济事业有所不同，陈龙正组织的义庄与社仓局限于陈氏宗族以及胥五区之内。义庄、义田：陈龙正以其宗族的田地收入为基础，在陈氏宗族之内，以设置义庄、义田的形式来展开救助；社仓：针对胥五区之内与陈氏宗族血缘关系较远，然又与陈氏宗族有着密切联系的其他贫户——因为此地本是陈龙正祖先、父母生活之地，同时也是陈家佃户最集中之地——以设置社仓向区内贫户借贷米谷的形式来展开救助，这种方式实际上是一种有偿的救济。

一、义庄

嘉善县城东南十余里外的胥五区，就是陈龙正家族的世居之地。那里本来就有其父廉宪公陈于王所建的义庄祠，门外有一副对联：

> 杳日照先丘一脉之游洄永赖，榆风吹故榻千秋之陟降如生。

陈氏义庄祠的中堂额曰“亲亲堂”，这是陈氏族人每年祭飨之地。而在义庄不远处的横泾桥边，还有陈家的一处祖茔地，埋葬着胥山陈氏始祖陈惠；香和庵旁附近，也有陈家的另一处祖茔地。

关于义庄的缘起，陈龙正《廉宪公义庄遗则》说：

> 先公存日，念亲支之穷，皆始祖悦民府君一体。远支虽无谱墓可据，相传同宗，其来亦久。每云欲设义田若干，自周给亲支之余，远支困乏者，遇事量给，以昭勿绝。奈起家草茅，性恬行洁，居官三十年，禄俸之外无他受，虽先慈菜羹布衣，佐以纺织，而居宇终不及葺焉。迨复总闽宪，庶归老田间，卒就斯志。

陈氏家族对于族人的生活与管理历来都有着较好的规范。从其始祖陈惠到陈芬、陈基、陈卿，该家族一直保持着上升势头。自陈于王步入仕途之后，陈氏家族在嘉善的社会地位得到了进一步的提升。据记载，陈氏家族的祖祖辈辈都乐善好施，每遇凶荒年岁，则倾力赈济乡民。陈于王在世时，曾提出设立义田以接济族人生活，但因为他本人为官清廉，也不擅于经营，并未积下足够的资产。陈龙正执掌家业之后，在妻子丁氏的大力支持下，方才正式建立陈氏义庄，利用每年义庄的收益资助族中贫困之人。陈龙正完成了父辈的夙愿，也延续了陈氏家族乐善好施的家风。

陈龙正在给友人汪浚源的书信中，也讨论了义庄之设立。他认为义田与乡约等相互结合，资助的是贫而贤者；若有败群者则暂停赈济，以示警戒，改过之后方可再作赈济。其关键在于团结族人，引导族人成为贤良之人：

> 伏惟数十年来，族丁益众，益众则贫者益增，自然之势也。谓应稍扩义田，益精乡约，精之之法，不一概赈，择其贫而贤者倍助之。寻常者助以常格，或有败群，暂停所赈，以示警励。俟厥改过，贤族保结，然后复之，就周急而寓激扬，行一二年，必有成效，寒家设义庄田数顷，设立此法，二三无良，渐知自好，已试之事，敢献大贤。

创办陈氏义庄的时候，陈龙正捐田五顷（五百亩）；到了崇祯末年，陈龙正又捐田八顷（八百亩）。义庄建立之后，陈龙正又以义庄之主的身份，向族人颁示、宣讲义庄的规约，要求不论亲疏，都应相互扶助。这个规约，以其父的名义颁布，故名《廉宪公义庄遗则》，主要说明如何妥善处置与义庄相关的赋役问题、祭祀安排与秩序要求，同时也强化了陈氏族人的家族共同体意识。

《廉宪公义庄遗则》共有十四则，主要内容概括如下。

第一，共计五顷的义田，按照嘉善县官方的常规要求，在十年之内，应该佥派粮长两名，但陈家属于官宦之家，可以获得优免。陈龙正认为优免之后，“洒役通邑，义亦非安”。按《赋役全书》的规定，嘉善县每年派剩米折银，每两加路费一分二厘，该银一十八两三厘；又定仓草折银，每两加路费五厘，该银一两三钱六分七厘；俱系京边正额，决定在义田子粒中，每年粜银一十九两三钱七分纳官。在崇祯十四年大造黄册后，陈氏义庄其实也列入《赋役全书》，照例起征由帖，十年之中，已纳银一百九十三两七钱，足当两名粮长的代役费用。

第二，义租五百余石，除每年办粮约用米二百四十石外，纳抵役银约用三十石，祭扫燕飨约用二十石，饶免租户限米十余石，给管庄人户饭米五石，这样净余约二百石。每年义庄收益在开销后的剩余，都会存贮起来，准备全荒年分为粜粮完公、折价助私之用；而随时修葺祠堂、坟屋以及建造或扩建义学仓间，也要取给于此。

第三，横泾桥地方的祖茔与香和庵旁的祖茔于每年清明拜扫，义祠于仲秋致祭，届时参加祭祀的亲支要会宴于义庄的“亲亲堂”。

第四，亲支之中，凡年已七十以上者，年中四季各奉米五斗、肉十斤；八十以上者，冬月加棉衣一件，以示尊高年之义，而且不问本人贫富，礼宜均视。

第五，宗族传习不齐，耕读之外，工商经纪悉从便业，但有具体禁约五条：一是不许倚势诈人，武断乡曲；二是不许刁唆词讼，惯作中保；三是不许买充衙门员役，作奸犯科；四是不许出家为道士僧尼，灭绝伦理；五是不许鬻身为仆，辱及祖先。族人一旦有犯者，于仲秋祭祠日，会齐本人亲房，同告于先灵而削其名。

陈龙正所创办的陈氏义庄，不仅救助了族人，同时其所实行的“纳银抵役”的举措，也得到了地方官员的认可。据陈氏义庄上报审批“纳银抵役”的条文中记载：“批义庄赡族，范文正复见于今，不引侧求免役，而请纳银抵役，是行仁于家，兼好义于国也。”由此可知，陈氏义庄的赡族之功，被地方官比作范仲淹（文正）当年所办的范氏义庄，“行仁于家”也就是“好义于国”，故像陈氏义庄这样救济族人的办法，值得加以推广。

二、社仓

与义庄的救济范围仅限于本家宗族有所不同，社仓则由宗族而扩大至本区。

社仓之法，关键在于备荒，陈龙正在《救荒策会》之序中说：

> 蓄于上以给下，伯者之权；下自蓄而蓄之，及王者之政。古称

三年九年，谓率土之民，各有斯蓄，而春秋补助，则十一之所余也。备荒之策，无时不豫。

从上至下如果积极备荒，可以大大减少灾荒造成的损失。然而“蓄于上以给下”，也即由官府贮蓄而备荒，属于霸（伯）者之权；反之，“下自蓄而蓄之”，也即民间自己贮蓄而备荒，则属于王者之政。“率土之民，各有斯蓄”，那么就可以春贷而秋还，也就可以实现备荒的常规化，即便有灾荒发生也不怕了。

所谓官府的贮蓄，比如利用常平仓法调节市场，起源于汉代，本是官办的备荒仓贮，其基本方法就是在丰年谷贱之时，由官府出资籴谷；而在荒年谷贵之时，再平粜谷物，以平抑市场粮食价格。陈龙正在《学言详记》中指出其利弊所在：

平物之值，以米为主，常平不惟能平米价，米价平，诸食货之价既不过昂。过昂则人不自之矣。米不得食，而他物可以不食。故常平仓者，兼平百物者也。欲平百物而愈不得平，本末异操也，利上与利下异心也。人臣主于利民，国之实也；主于利国，国之贼也。

常平仓法可以通过平抑米价来调节整个市场的粮食价格，所以说“兼平百物”。但是常平仓作为官仓，其运作原则是“上不亏官”，也即“利上”，“主于利国”则无法“主于利民”，本末倒置，结果就是“欲平百物而愈不得平”。陈龙正说：“常平不惟盛时宜建，即荒迫中，稍有隙暇余资，便应料理。惟在上人节细浮费，以为籴本耳。何叹儒之愚乎！”常平仓成功的关键在于，官府在平常之年有余资去仔细料理，节缩浮费，否则就成为虚设。所以说，常平仓法，只有以利民为上，才能发挥其积极的作用；然而操控之权在官府，往往只求利上，也就失去了救济灾荒的意义。关于官贮，陈龙正另外还说：

隋社仓，唐宋义仓，一事而异其名也。隋唐亩赋六升，民困极矣。

> 宋于正赋外二十加一，庶几得中，然其大病总在收贮于官。设遇饥谨悉以还民，犹多此一纳一出，况未必还乎？设赈济时，果尽免诸弊，贫民犹苦奔走候领，况不及贫民乎？古者使民各蓄其有余，而后世必欲诸民而代为之蓄。古者自节其余以春补秋助，而后世加于正赋之外，而强半更留以自肥，如之何农不饥死，朝与野不相胥以俱贫也？

到了隋代，官贮叫社仓，唐宋时期叫义仓。隋唐每亩收谷，出六升入义仓，农民受不了；宋代在收缴的正赋中每二十加一，收贮在官府，说是遇到灾荒则将义仓中的谷粮还给农民，但多了一出一入，何况未必真的归还。官吏却以义仓之名征收额外的赋税，加重了贫民的负担。时日一久，州县往往忘了义仓本是农民所寄之物，若为官吏挪用则弊端丛生。另外，官贮的赈济，贫民还要苦于远道奔走与等候领取。民间贮蓄则与官府不同，可以让农民各自贮蓄其余，从而“春补秋助”，多一个义仓则反而增加了农民的贫困，所以说官贮的弊病必然多于民贮。至于明代的官贮，朱元璋在明初设有预备之用的常平仓，但到了中后期则已经难以发挥作用了。

为了避免历代官贮之法的弊端，陈龙正等人主张民间散贮，也就是朱熹当年在崇安创置的义仓：

> 惟朱子于崇安，因岁凶起事，仍随社仓之名而默变其官贮之法。……以本乡所出积于本乡，以百姓所余散于百姓，则村村有储，家家有蓄，缓急有赖，因济无穷，此义仓之所有设也。

朱熹的社仓，将官贮改为民贮，明确本乡之出产则在本乡积蓄，然后再用于本乡，从而村村家家都有积蓄，实现“缓急有赖”，正好利用民间的财富实现积极备荒，补充国家财政与政策的不足。与官方仓储制度不同，社仓完全民办，就能避免走上官方仓储体系渐生弊病的老路，能够积极有效地运行。

社仓，作为一种民间的储粮制度，主要通过劝捐或募捐的方式来募得粮食，然后借贷给乡民，以缓解灾荒之年的粮食短缺问题。社仓一般在春季发放，秋季收回，追加二分利息。社仓之法在宋孝宗时得到了全国性的推广，但在明前期，由于官方仓储制度有效、完备，社仓之法逐渐废弃；到了晚明以后，官方仓储制度弊病丛生，已经不能发挥其原有作用，于是社仓之法再度被士绅关注，并且大力推行。比如陈龙正的老师高攀龙在《责成州县约》中曾说：

> 社仓是救荒良法，各乡劝缙绅及名家，自造仓廒，自放自收，不可以官府与之。其法量人户种田多少、人口多少，以二分起息，于青黄不接时借贷；又必二三十户连名保借，欠者，即同保内人户摊赔。小荒减利，中荒捐利，大荒连本米下熟征催。官府给与印信文簿，为完治奸顽，使之可久。

高攀龙认为社仓可由乡绅宗族自行建造，然后“自放自收”，按照人口多少以及灾荒程度处理，官府则给予印信等为其保障，然又不必受到官府的控制，故而是极好的救民良法。

再就嘉善而言，据光绪《重修嘉善县志》记载，嘉善地区在明万历二十四年（1596）曾设立四所常平仓：一在风泾镇南隅，一在干家窑镇东南隅，一在王带镇西隅，一在斜塘镇北隅。常平仓的设置是为了缓解预备仓仓储不足的问题，但是到了崇祯年间，常平仓也因年久失修、积谷不足的问题而逐渐荒废，远远无法完成救济的任务。当时担任嘉善知县的李陈玉就提出了社仓之法：“陈玉先自输俸五十两，出疏一通，邑绅陈龙正倡捐银三百两，各绅乐助有差计可积米一千石。其出入簿籍定，令绅衿主之，官府勿与，杜衙役侵渔。”作为嘉善县知县的李陈玉，先以自己的俸禄捐银五十两，随之陈龙正捐银三百两，其他的士绅也纷纷捐助，然后就以士绅为主导，创设嘉善的社仓。李陈玉还特别强调社仓必须是民办，从而避免官府衙役侵占等弊病发生。

陈龙正在李陈玉的支持之下，率先在其世代居住的嘉善二十区之一的胥五区创设社仓。陈龙正在《政书》之中特辟《社仓》一篇，其中说：

> 每念一邑之中，惟本区田最高瘠，人最业聚，耕劳而收薄，富少而贫多，均通有无，谊应倡举。除同宗已有义庄赈济外，窃仿先贤朱文公遗式，拟建社仓于胥五区。

胥五区人口众多而土地瘠薄，为了“均通有无”，就在宗族之中已有义庄之外，效仿朱熹建立社仓。其具体做法是：

> 先将附近各村各浜居人，挨次画图，列名置薄。凡居邻墓邻，当插青之际，力稍不足者，每户贷米五斗，多者一石，至冬，加息二分纳还。但借贷之时，须贴邻五家共立一票，稍寓保结之意。其间倘有不守本业，浪游花费，到冬无出，难于清楚者，不可一时姑作人情，自贻后累。秋收之际，万一有搬移走作，同票各户，须与估算本息明白，方听迁往他处。……至于收放，不论米价高低，总用本色，纵使冬月米价甚贱，亦决不于例息二分之外，稍有参差。古法初行，竭诚相告，乡里各户，须共矢义气，互相维持，以图永义。

陈龙正的社仓之法主要有五点：其一，各村各浜农户，依次画图列名，进行人户普查；其二，规定每户每年春天，可向社仓借贷米谷五斗至一石，到冬天再加上二分的利息归还；其三，为了防止冒认以及浪游而无法归还等现象的发生，规定佃户在借贷之时，必须出具由其邻家五户共立的担保票据；其四，人户倘若需要搬迁，则必须将本息结算清楚，然后方准迁往他处；其五，无论收放，不论当时米价高低，即便归还之时米价甚贱，也决不加息。

与同善会重视“劝善”、强调儒家伦理道德相似，无论是在宗族内部还是扩大至胥五区的，陈龙正都强调其救助对象必须严格选择，比如不孝不悌、殴骂尊长、渎伦鼠行、赌博健讼、酗酒无赖、年力强壮而游手游食之流，都排除在救助人员之外，孝子、节妇与贫士则是救助的重点。因此，陈龙正特别重视前期的“查访”，发动子侄以及附近村庄农民，按照画图登名的方式来统计人数等信息，将清查户口作为重要前期准备工作，确保救济工作能够顺利有序展开。

关于社仓之法，还有由粮食升级至银钱，办法接近于后来的基金会。陈龙正在与钱士升的书信中就曾交流详细事宜，并邀请其一起主持：

> 所论社仓不可籴谷，诚属至计，行事各因时地，不当泥古。只照前书册之数，各各捐出，约二千金，共积一处，酌议派作三四分，每分约四五百金。诸老分贮之，寒家亦愿承一分，每年生息仅可四五厘，使人易受。岁终，并本息交送下手，如愿联任二三年者听，一遇兵荒急用，立刻取办。此仍是社仓遗意，民间自相收贮，不经官府，但易米为银，易重息为轻息，稍通其法耳。闻昨年弟所捐助，已报府道，恐异日不复为地方用。此外但得亲翁主持，诸老践约，弟为维桑穷黎计，为大户预固民心计，愿更陪诸老后重捐己赀，如亲翁书助之数，成此蓄，以备意外，诚所望也，诚所慰也。

陈龙正此处讨论将所捐助的银钱分为三四分，每分约四五百金，由士绅分别贮存，贷款给贫民而每年生息。这也就是社仓的升级版，与贮存粮食相比更为方便；对贫民来说，则借贷的利息轻了许多，方便去开展生产。此外，陈龙正也在与地方官员的书信之中多有讨论。他还多次致信嘉善知县李陈玉等官员，赞扬社仓之法。他还在与乔圣任按台的书信中说：

> 敝邑社仓，事已垂成，昨台谕至彼中，当令通省仿效，且愿躬先倡捐，以风下吏，德意流行，自应速于置邮。窃念文公此法之善，全在民间自主，不以官法与之，盖官长倡捐，乡绅大户必助成其事。择人输管，民与民相授受，有出纳之便，无耗蠹之虞。若置册道府，每年每季牌票精查则一番差役，一番使费，至良之法，即为书胥所

蠹矣。大仁必大智，创始必虑终，敢献其愚。

社仓法应当通令全省效仿，其优点“全在民间自主”。民与民之间的授受，“有出纳之便，无耗蠹之虞”，也免去了官府牌票精查等花费。然还需要官员率先倡导捐助，再是乡绅大户的助力，才能实现其大仁大智。

关于社仓之法，陈龙正有着对历史渊源的考证，也有着对晚明时代各种各样的备荒政策的研究。之所以如此侧重于民间贮蓄的备荒，一方面是因为晚明时期，官府财政危机日益严重，根本无力发挥官贮的积极作用；另一方面则是因为江南市民社会与商品经济的发展，民间富户阶层有着足够的实力。为了备荒，除了积极贮存余粮之外，还要注意所积之粮的及时更新，义仓之粮便民利而非横取，亦非为积粮而积粮，否则民不见其惠而粮已烂矣。

陈龙正等士绅设置社仓，主要是用以救济与宗族有着利益关系的佃户。通过社仓的借贷可使佃户渡过危机，并在丰年时收回借贷出去的粮食，这既是互惠互利之事，又是不同身份集团相互之间社会依存和经济依赖的体现。

第十章　救荒赈灾

同善会与义庄、社仓，属于救灾、备荒的常设组织。然一旦灾荒发生，最关乎人民生计的就是粮食问题，于是陈龙正等人提出平粜之法。但若是遇到大荒之年，灾民根本无钱购买平粜米粮，还会四处流动，也就只能采取煮粥与散粮两种方法来赈济了。此外，与之相应而生的救灾措施，还有施药、掩骼、建丐房、养弃儿等。

一、平粜

陈龙正等士绅认为当务之急就是解决乡民的口粮，于是提出“极贫者赈之，次贫平粜之”：“极贫者，大抵孤寡老疾，应入养济而无阶以入者也，故往往户多而人少。次贫者，手足犹健，亦有亲丁，而无恒产乏资本者也，往往人多而户少。”所谓极贫者，大多是“孤寡老疾”，原本就应当进入养济院，但出于各种原因而无法得到收容，其特点是户数虽多但人数较少；所谓次贫者，大多手足健全且有亲戚，但缺乏财产资本，其特点是户数虽少但人数较多。前者只能直接赈济米粮，而后者则可以进行平粜之法。

平粜，是历代统治者常用的荒政之一，本是灾荒之年为了确保贫民生计，维持地方安定而采取的重要举措。由于灾荒而粮食短缺，加之奸商囤积居奇，为牟取暴利人为抬高米价，导致米价暴涨，容易引发社会秩序混乱，出现抢粮、抢富户等破坏社会秩序的现象发生。大体而言，丰年由官府以平价收购农民的余粮，即平籴；荒年则以平价出售积粮，即平粜。平粜能够抑制哄抬米价等行为，稳定粮食市场，缓解社会矛盾，从而顺利实现从荒年到下一个丰年的过渡。

据陈龙正记载，崇祯三年（1630）庚午春荒之时，“连年夏秋米贵，今春每斗百二十文，尤为异常。闻乡民贫者，买食豆渣酒糟，杂以草根度命，又布贱花贵，无从生活，深怀悯恻”。钱士升则记载了崇祯十三年（1640）庚辰大灾的米价：“年来米价虽贵，多不过一两。今岁忽增至一两八钱。杭州则二两四钱，比万历戊子己丑间连遭水旱价犹过之。”于是乎，“南北大饥，米价翔贵，富民闭粜，劫掠四起，贫民携钱入市，竟日无从得米”。面对这样高的米价，也就只能由地方士绅联合官府，努力推行减价平粜，方才可以解决燃眉之急，纾缓贫民生计。陈龙正在《与李乔之潮州司理》中说：

> 吾乡本未大荒，米价忽腾至二两外，来年春夏，未知何所抵止。寒家顷从诸老后，减价平粜，幸发愿独先，以故苏、嘉、常各邑城中缙绅素封，概被焚劫，而敝邑晏然。可见同一平粜，早发即官操民权，迟发即民操官权。

嘉善米价，容易受到苏州、嘉兴、常州等周边地区的影响，故在米价刚开始上涨的时候就进行平粜，满足本地贫户的需求，就不会发生打劫、焚烧富户的情况，既照顾了贫户的生计，又保护了富户的利益。在庚辛大灾之际，陈龙正就多次呼吁嘉善地方士绅、富户巨室还有徽商等共同捐银平粜，也得到了较多的响应。

在粜米一事上，陈龙正思虑极为周详细密，通过《公示城坊平粜谕》等公文，提出减价与时价并行的平粜方案。要点有二：其一，“所减米价贵在适中”。“减价太多，则认粜之米数必少……在认粜之家，须此旧秋加扩，在买米之人，与其减价多而得日短，何如减价少而得日长？”灾荒之年，米价腾达至每升五十余文，平粜则减为四十二文。对于灾民、贫户来说，自然是减得越多越好，然而减价太多则认粜之米数必少，影响了富户粜米的积极性。故与其一下子减价太多而没几日可维持，还不如减价略少而可以维持较长时间。故在陈龙正等士绅看来，每升四十二文则是粜、籴双方都能接受的折中价位。

其二，“时价之米，须与减价之米并行”。灾荒之年，也不能一味要求减价平粜，还得充分考虑富户的利益，允许他们在自认平粜部分的粮数之外，按照时价发售其余。陈龙正指出：“盖减价虽便饥民，其如富人，悭贪者多。因此之故，藏米不粜，贩米外粜，诛之不可胜诛。不诛，则饥民持钱而无处，委民致变，不如听照时价，则米多而价自平，是诚确论。”为了避免“藏米不粜，贩米外粜”，也得允许部分米商按照时价销售。若他们感觉利益受损太多，则无法维持太久。总的来看，采取减价与时价并行的平粜方案，一则可以鼓励富户参与平粜的积极性，二则可以保证市场上有米可买。贫户有机会买到低价粮食，而富户也没有了后顾之忧。

此外，由官府出面禁止本地之米私贩出境，也是必要的措施。公文里说：“闭米不粜，及私贩出境者，公共鸣官，尽法究惩，但使众人持钱入市，不至有空回之款，即中户与贫户俱安矣。”如果坚决不肯平粜，还私自贩卖到境外，则按照规定加以惩罚，努力保证众人可以买到价格合适的粮食。

决定赈济成效的关键，还在于访查贫户，确认其数额与等级。陈龙正指出，“不难在赈而难在查”，只有详备而准确地查访，才能保证救济的有效开展。具体而言，其方法与同善会确定救济对象之时进行严格的审查和确认是一样的，也即实行“分区分坊”的方式，进行户口清查。嘉善县境二十区，每区推举一名乡绅主导清查，再由乡绅委派诚实勤民子弟，按照地图逐圩逐村编写民户姓名，同时标注贫富，特别是将贫户划分为极贫、次贫二等，再将贫人的具体情况开报至乡绅处。贫富情形的确认，往往需要明察与暗访的结合：

> 大抵观其屋居衣服，察其面貌，加之探问邻人，可得六七。犹恐未确，各就本圩访殷户一人，密参订之；间或亲至一二殷户家，

再确访之。彼居本圩，邻里虚实，知之必详，兼借身名，不敢见给。

也就是说，需要直接去受访者家中去看他家的房屋、衣服以及面貌，还需要询问他的邻居。而所谓邻居，除了其中的贫户，还需要询问其中的殷户，方才能够确定受访者是否真正属于贫户。

确定了极贫与次贫的人数，再统计出各圩各区的总需米数，立成一本总册，再进行具体的赈济活动。据陈龙正记载，查得十五坊贫户颇多。同善会义捐有限之时，陈龙正制定了平粜之法。《乙亥以后赈贫平粜事宜》说：

每冬米一升，照时价减钱几文。各户预给一小票，每丁口许籴三斗。因虑现钱一时难措，听一月内，陆续赴籴。自本月某日起，至次月某日止，每籴一次，注票持回，籴满之日，缴票。

也就是说，先发给贫户“平籴小票”，人均三斗。若是没有现钱则限期一个月，每次籴米之后在小票上注明，籴米完毕则缴还小票。此法除了规定如何籴米之外，还规定对私自将平籴小票转让他人者和冒名领取者实行处罚：“径行勾除卖户查记姓名，来秋断不给票。倘委系贫极，不能辨钱，径照原票，每应籴一斗者，给米二升五合，庶各量济。”贫户的登记极为严谨，《公示城坊平粜谕》指出：

访核给票，必公必确，中户不得冒认，总甲不得任私，主坊者亲自核查。非特使弊端莫容，具以此分总甲之殿最，送新县主分别劝惩，此确核给票，所以专为贫户计也。

此条强调中等之户不得冒认，负责的总甲与主坊者都不可徇私舞弊，总甲做得最差殿尾者，还要送至县令那里劝惩。此外还规定担任殷户童仆的贫户以及僧道，不在开报之列，因其自有主翁赡养或施主舍予；还有诸如赌博酗酒无赖之徒、衙门胥吏等也不在开报之列。

陈龙正联合钱士升等乡绅富户进行平粜，但在具体的施行过程中，也会出现很多问题，比如有些乡绅富户并未完全按照法令来实行。于是陈龙正在《庚辰八月邑绅公劝平粜谕》中指出：

> 近来平粜一事，原出自朝廷之意，官府仰体施行，邑中几稍赢之家，酌量写数，本心自认，原非勉强，乃闻既写之后，有即时发铺粜足原数者，有半粜者，有全未粜者。待哺嗷嗷，于心何忍？群情汹汹，势亦非安！岂不闻邻县各城，俱有一番嚷闹，独嘉善帖然无事，正为官府主持，先期平粜之故，既已阴受其福，何可顿忘前言？若闭粜者得以安然抗颜，则先粜者反自悔其循理矣。且原发底簿，开列应粜各户姓名，今全欠者，与未完者，日后缴归官府，恐亦未便。奉劝众人，及今慨发奉劝众人，其布庄土著，有未登薄者，亦应自量所宜，以慰群望，并告。

平粜，原本就是富户依照本心自认而不是勉强，但施行的时候，有的半粜，有的完全没有平粜。于是陈龙正警告那些未能施行的富户，嘉善可以在邻县嚷闹的时刻无事，就是因为官府联合乡绅富户组织平粜，若是有人不执行，那么先执行的富户就会反悔，就会影响治安。所以他发回底簿，让全欠者、未完者继续执行，还有未登记的也可以继续量力而行继续平粜。他在与曹县令的信中说：“粟贵民饥。帑无可发，官无可处。惟有劝赈一途，以本境之余，周本境之欠，……其要则在巨室倡率，倘无能倡者，则在当事至诚非感之。舍此则有饿而死，强梁而为寇已矣。”官府无力赈济，故只能倡导巨室富户进行平粜，否则或者饿死，或者为寇而已。

事实上，当时除了向本地富户劝谕出粮平粜之外，陈龙正等人还劝谕外地客商积极参与。明清时期，徽商遍布江南城镇，故有“无徽不成镇”之说。特别是大多由徽商把持的典当业，典商手中掌握大量的金钱和粮食。陈龙正先后撰有《劝徽典分米平粜乡农谕》和《劝徽典邑里分米平粜乡农谕》。他还担心自己作为乡宦，说话不够权威，便又致信嘉善知县吴宾日，借助官府之力进行推动，他说："必得父台晓然赐示，使典商情欢议服，始便遵行。"在陈龙正以及官府的要求之下，徽商先分出五百石用于乡村平粜，再捐助一千六百石用于城市平粜。

二、煮粥与散粮

平粜的对象，其实只是普通贫户，而非极贫之人。若是手中无钱，根本无力买米，若只有平粜一法，则极贫之人唯有饿死一途。因此，陈龙正提出在平粜之外，必须配合以"量口给食"之法。他在《致钱塞庵相公书》中说：

> 盖极贫者，既未必为人佃户，亦未必能具半价，故虽减价平粜，犹不足以济之，而必给食以活之。……惟量口给食，乃真正救荒第一要法。
>
> 大荒之岁，极贫之民，平粜则无钱，赈贷则无偿，二者皆未足以济，济之惟有煮粥、散粮耳。

荒年的次贫者或许还能参与平粜，极贫者既无钱籴粮，又无力还贷，所以想要赈济也就唯有煮粥与散粮两种方法。

煮粥、散粮各有利弊，何时何地煮粥或散粮，需要权衡利弊，灵活运用。陈龙正总结为四条原则："小荒先散粮于乡村，大荒兼煮粥于城市，当道会期而煮粥，乡人画地而散粮。"小荒之年，为了救济本地灾民，可以散粮于乡村；大荒之年，还要兼顾流动灾民，必须再煮粥于城市；煮粥需要官府出面主持；散粮需要各乡各村士绅划分地区分别主持。另外陈龙正在致熊汝望抚台的书信中说："大抵拯流民，莫如煮粥；救土著，要在散粮。"大荒之年，流民与本地灾民都需要救济，那么通过煮粥救济大量流民的同时，还需要用散粮的方法救济那些不愿或尚不至于成为流民的本地灾民。

先来看煮粥，也即"粥赈"，有所谓"一升可作三升用，两日堪为六日粮"的良好效果。陈龙正等人经过实践，在其《粥担述》《壬午春拟煮粥示款》

等文章之中提出了自己的“粥担法”，也叫“担粥法”。

“粥赈”，与“平粜”一样，原本也是历代统治者所常用的荒政之一，而且能最及时有效地拯救灾民。一般灾情发生在青黄不接的春天，所谓春荒，就是指很多乡民因为没有口粮而沦为乞丐。

随着灾情越来越严重，除了农村的乡民外，其他很多无业者，也都会逐渐沦为乞丐，还有外地饥民逐渐涌入嘉善。陈龙正说：“十百成群，沿途索食，而坊间之民，去乞丐亦无几，安所得余食以应其求乎。日月叫号，无从一息……饥穷微骨，啼泣无声，伶仃就毙于古庙颓垣之下者，不可数计。”灾民“十百成群，沿途索食”，再加上城市饥民，一则成为社会治安的危机，另一则“伶仃就毙”，让人凄恻。于是陈龙正指出：“冻饿交逼，日毙多命，若不设法拯救，是目前第一等穷苦之人，竟无活路矣。……计惟煮粥一节，可以暂延日月。”面对这些漂流无定、人集数繁的灾民，“目前第一等穷苦之人”，目前唯一的救济办法就是煮粥。煮粥，具体又可分为粥厂与粥担两种。

关于粥厂，陈龙正《政书》之《乡筹四》收录了《壬午春拟煮粥示款》，共计七条：

一，煮粥之期，十二月初一日起，正月三十日止。

一，煮粥之地，东门外在大胜寺，西在西林庵，南在三官堂，北在鹤湖书院。

一，煮粥之时，每日卯辰二时，过期不给。（击梆一次，分粥；擎云板三声，粥完止给。）

一，分粥之数，每人一大勺，吃过者，不许重领。

一，领粥之法，每人自持大碗一只，俱要洗净，挨次领受，不得喧挤争夺。领讫，即持粥至空地上自定。乞儿不许先自起立，待众人先后食粥俱毕，再听击梆齐散。

一，煮粥赈济，从来不及游僧，今因借用山门，情难概绝。每日量给米二升，付本寺主僧，听其自行量济。

一，寺前系清净坛场，诸人至者，俱不许污秽作贱。

上述条款，对于煮粥的时间、地点、分粥的数量、领粥的步骤等做了详细的规定，还提及众人与乞儿的分别，以及因借用寺院故给米主僧，不许污秽了寺院等等。此外，他对于整个煮粥的管理问题也有详细的说明，包括煮粥的器皿、木柴和水米的定量、防止粥凉的措施、动用人员等。例如为了防止有的饥民在一地食完粥后又奔赴其它地方领食，强调各地煮厂同日举行，使得饥民各从本乡就食。陈龙正补充说："米粮有限，泛滥须防，人止乞儿，日止一餐，期止两月，此外不能多许。"粥厂的设立时间，是从前年腊月到后年正月，因为米粮有限，要实现充分的救济，还需想其他办法。

因为流丐数量庞大，而粥厂私储有限，"饥民四集，散遣无方，将酿后忧"，故陈龙正与钱士升还主张推行"粥担"。具体方法在《粥担述》中有详细记录：

> 其法无定额，无定期，亦无定所。每晨，用白米数斗煮粥，挑至通衢若郊外。凡遇贫乞，令其列坐，人给一勺。约每担需米五六升，可给五六十人一餐，十担便延五六百人一日之命。或数日，或旬日，更有仁人继之，诸命又可暂延。无设厂聚人之弊，有施粥活人之实，即可时行时止，抑且无功无名，量力而为，随人能济众，每日有仁方矣。

担粥而赈粥，因为无定额、无定期，也无定所，故而非常灵活，还可以时行时止；又无功无名，完全靠个体的士绅量力而为，无论力厚力薄均可参与。此外，可以避免人群聚集，一则避免发生骚乱，一则避免发生流行性疾病的交叉感染，酿成瘟疫。事实上，粥担，就是分散而流动的粥厂，在特殊时期优势还是很明显的。

此外，陈龙正还零散提出了很多新颖的方法。就"煮粥"而言，他还有补充一则："四月后，天炎不可用粥，倘民饥方甚，奈何？近复得一法，不拘粞米麦豆，磨粉为蒸饼、汤团之类，照散粥法分给，甚便。"四月以后，因天气逐渐炎热而不能用粥，于是就将粞米、麦豆之类磨粉，然后制成蒸饼、汤团，再按照散粥法供给，依旧方便可行。

由此亦可知，真正投身于赈济事业的陈龙正等士绅，对于“煮粥”一事如何进行到位——确实是就每一举措都有着清晰而稳健的步骤。

当然粥担法也有它的局限性，陈龙正说：“故于极荒之岁，特设粥担，以待流移，若反舍土著，则倒行甚矣。即径以粥担待土著，亦下之下者。”前人也强调过：“若救土著之饥，煮粥从弊，不如分地挨户，给以粥米。”粥担救济的对象主要还是流丐，对于本地土著乡民来说则不够尊重，起不到好的效果，故散粮才是救济土著最为直接有效的方式。

接下来重点讨论如何散粮，陈龙正对于煮粥与散粮的关系，作过仔细的辨析；对于怎样才能将米粮在本地饥民之中发放到位，也进行了周密的规划。

陈龙正《庚辛救荒平粜事宜》提出：“惟量口给食，乃真正救荒第一要法。盖极贫者，既未必为人佃户，亦未必能具半价。故虽减价平粜，犹不足以济之，而必给食以活之。”对于本地的极贫之人来说，因为他们不是佃户而不能以半价平粜富户提供的米粮，或者本来就无钱买粮，所以量口给食才是最为方便有效的方法。

《煮粥散粮辨》中指出：“若煮粥，则我独为，而他方未必齐为；米有限，而就食之人无限。”煮粥，米粮容易消耗。开始赈粥之后，闻讯从各处来就食的饥民就会愈来愈多，米粮耗费极大，而续米又不足，也不能驱赶前来就食的灾民，往往虽期限一月，但十日左右即已耗费大半。所以就这点而言，也是散粮胜于煮粥。陈龙正指出：“乡绅善士，与邻居党习熟，则散粮较稳，各画方隅，稽核贫户，按册呼给，简净易行。”陈龙正另外还说：“煮粥少破冒之处，难得收场欢洽，散粮有规则可按，难在起手清查。”而“大约上官抚循千里，则煮粥最善”。煮粥赈济因为是同日举行，故而可以避免冒领；只是饥民往往食粥之后仍觉不足，甚至还会发生哄抢，故而“难得收场欢洽”。散粮与煮粥相比，则难在如何避免冒领，主要是难以确认是贫是富，也很难辨别贫人之中的极贫、次贫，而且还会发生衙役胥吏与巨室群仆、市肆恶棍等重叠冒领的情况，从而导致真正的极贫之人反而无法领到米粮。所以散粮之法，关键是士绅们熟悉乡里贫人，那么散粮还是稳妥之法。就具体如何落实散粮救济，陈龙正又指出：

> 煮粥畏在骈聚，散米患在破冒。然破冒之患，亦由骈集所致也，故要在分之。……乡绅各主一区，则不期分而大段已分矣，仁必以义肃，故非乡绅不可主。

这也就是说，为了避免冒领，必须将散粮落实在各区，也即由各区的乡绅富室落实区域自救；各区分别清查确访，统计贫民名册，在各区进行救济。这也就是“以一方富室救一方贫民”。陈龙正在《庚午急救春荒事宜》中指出：“写画逐圩地图，一切浜兜村落，凡有民居者，纤悉不遗。”也就是说，只有各区的乡绅去具体主持，才能将各个浜兜村落的贫民，纤悉不遗地加以统计并进行救济。

例如陈龙正本人，就只是赈济胥五一区。早在崇祯三年（1630），在春荒来临之际，陈龙正就将家中余粮六百石用于施济本区乡人。他在分派子侄查明极贫、次贫等级之后，分别发放给各户“图书小票”。他在《示胥五区贫户谕》中说：

> 查分极贫、次贫二等，人给三十日粮，以俟麦豆之登。每户预付图书小票一条，可各自填圩分姓名，限于某月某日，自备包袋至某处，静听唱名，缴票关领。只须男子一人伺候，不必携带妻儿，致生喧挤，有损无益。无图书票者，不准给发。

各户可凭“图书小票”，在限定时日自带包袋，前往指定地点领取三粮，一人发放给三十日粮：“极贫人给三斗，次贫二斗。凡计贫民一千九百二十三户，共二千九百七十九人，散白米六百三十五石。”如此制度严明，则可以避免拥挤喧闹，也可以避免哄抢事件的发生。

当时同里也有人曾表示了质疑：“岁饥独赈一区，此外坐视其毙耶？”对此，陈龙正回答：“本生力薄权微，无能普济。惟念胥五一区，祖宗父母生长于斯，尤不忍忘。算除本年家用饭米外，量余冬米六百石，聊出散施，以济饥虚。”因为“祖宗父母生长于斯”故不忍不救，同时也因为能力有限故只救一区，于是除去本年家用外的冬米，六百石便悉数散施了。陈龙正还在《政书》之《乡筹三》当中作了更具学理的说明，使之成为确实可行的政策。比如他《示胥五区贫户谕》中指出：

> 赈济乡里，与莅兹土者不同，为民父母，命令足以用人，自应兼济。若乡人，当各视其力之所及耳，地近则耳目易周，人少则情隐易见，务使贫民实物其口，不在博施也，为某地人，但救某地，他地自有赢余之家，使各近行其惠，乃所以为普遍也。且如吾邑二十区，假令无分彼此，一概源之，度算饥民应眼者六万人，人给两月，为粮四斗，共计须米二万四千石，虽巨室家，孰能办此？

若是官府，自然应当兼济，至于一乡之乡绅富室，则只能分别以其能力之所及，就近于本区救助。陈龙正还计算了嘉善一县有二十区，共有饥民六万，每人给两个月的米粮则一共需要二万四千石，再大的巨富之家也无力承担。他另外还说：

> 米少不足以教通邑，且通邑之茕独，亦非一家所能稽，乃独访赈胥五区，是通邑二十区之一也，余家累世居于此。急令子侄辈分主其事，凡查访者旬余日，分给者三日，极贫人给三斗，次贫二斗，凡计贫民一千九百二十三户，共二千九百七十九人，散白米百三十五石。时因著救饥法十一条，名曰《急救春荒》，大抵调一方之富室，自救一方之贫民。

一家之米不足以救济全县灾民，全县茕独之贫民也非一家可以查访，故陈龙正本人就独自查访胥五区，因为他家世代都居住此区，而命令子侄辈分别主持查访与散粮，最终实现“一方之富室自救一方之贫民”的救荒理念。

陈龙正还倡导让田主分别救济自己的佃户，当时农村本有“常年佃户，每亩给借随田米二斗，加利二分”的做法，只是到了灾荒之年，米贵而民饥，则需要让田主更多地给予恩惠。陈龙正说：

惟念各区亦有本家佃户，历年服劳，岂忍概遗？今将旧冬欠下糙米扣算随田者，至冬每斗止加利一升。如旧租清楚，即今开仓，每亩速给白米二斗，至冬每斗加利二升，薄示体恤之意。

田主本家的佃户，历年劳苦，作为田主自然不可轻易放弃，故陈龙正本人就对其佃户进行田租的减免，还按亩数散粮等等。陈龙正还在《示各区佃户谕》进一步分析说：

若各区士夫一人，首蠲若干石，为储户倡，但感动以至情，切勿借官法绳之，勿限人数，勿限米数，听其随意乐捐，倘有恻隐好施之人，喻涯捐济，则徐请于官，给以义善扁额，后遇徭役，量情优免，或有误犯，亦准宽货，于是计米若干，设诚散给，或米一时未敷，待哺者迫，则量现米若干，随时先散，复限日期，又行补给，约计每区溺济者数十家，受济者数千人，以数十家之精神耳目，周济数里内日相习熟之数千人。

假如各个区的乡绅愿意捐出米粮，则不限人数、米数，任其随意捐助。若是捐助较多，则给予“义善匾额”，还可以优免徭役等等，鼓励他们的积极性。最终，每个区愿意捐助者有数十家，而受赈济者有数千人。因为救助的是习熟的数千人，故数十家也当是颇为乐意的了。陈龙正说：

我辈稍赢之家，轸念饥民就死未死之苦，各推余粒拯此阽危。更或广施普劝，全活愈多，厥功愈大。若得千里之内、城坊之间，仁人君子联络同心，轮流互济，于以登沟瘠于春台、起道殣于寿域，讵非人生最乐事哉！

他希望士绅、富户联络同心，家中尚有盈余则积极参与到赈济事业之中，关心就死未死之饥民，广施普劝，从而逐渐扩大救济之功。这不也是人生最大之乐事！

以陈龙正为中心的嘉善士绅与富户，对于救济灾民的问题，有着通盘的考量：煮粥与散粮，什么事是官府主导而士绅协助，什么事则仅是士绅主导，又在什么情况下分别应该采取什么措施，都有清晰的判断。其中对于血缘性与地缘性的高度把握，也是一个重大的特点。就个体的士绅、富户来说，其能力必然有限，故而救济的对象并非所有的贫人，必须要注意对象的区分；以各区士绅、富户为主导的散粮等救济，必然仅限于本区，甚至主要就是本宗族。至于官府主导而士绅协助的煮粥，则可以扩大至本县，甚至还可以照顾到进入本县的流丐之类。职责的分明、对象的分别，最终还是为了实现救济的实效。从血缘与地缘出发，面对不同情况分别采取不同救济措施，陈龙正的善学思想的这个特点，值得特别注意。

三、施药、掩骼、建丐房、养弃儿

施药。与其他士绅的救荒行为不同，陈龙正亲力亲为，有寻访调查，有措施的改进调整。就施药法而言，则从汤药到丸药到丹药，有一个不断改进的过程。陈龙正强调：“起死人而肉白骨，日当以千计矣。药之能生人者多，则棺之给死人者当渐少。”因为大灾往往伴随大疫，灾荒之际人群集体流动，疾病盛行则危害极大，所以为了防患未然，救荒必当考虑施药。故陈龙正在《救荒策会》之中，总结了前人在灾荒时应对疾病的方法。比如北宋吕公著认为可以施舍汤药救疾，设置病坊安置病民。为了解决医少地广、督查无方、医人领银不尽买药、穷民得药而不对病等弊病，可派遣名医临症裁方；对于行动不便的病人可由医生前往诊视；对于新患病者则由官方散粮药为主。陈龙正则指出：“此条事，种种难行，名医岂可多得？临症裁方，岂易易事？

知脉者一州邑有几人？安能遍就病人诊视？”也就是说，北宋吕公著针对医生领了钱不见得都会买药、病人有了药不见得都会对症，采取的派遣名医临症裁方等四条，在实际推行过程中又有新的问题。于是陈龙正提出，单纯地施药汤、派医士，还不如按古成方，精制丸药一二十种，然后随症而领药。

明末灾荒之际，各地大多设有施药局，多用煎剂，然方子是否得当就未可知了；再者至贫之人，还会有领到了药剂，又无钱买罐，无力炊煤，彷徨半日，病者多槁。陈龙正在寻访各坊之后发现，这个办法若由个人施行则所及范围有限，故可由士绅组织在药局中施此药：

> 屡有善士，制造五瘟丹施舍。每副不过一钱二分，价银约止一分，药到用水调服，既济其急，更便于贫。……此虽若至微至琐之事，而在今曰，以活人为急。虽谓之至钜至要之事，可也。

掩骼。灾荒之年，因为饥饿或瘟疫而死者不计其数。若不及时掩埋尸骨，任其腐烂，则将加重疫病的蔓延，严重污染公共环境，影响周围居民生活。早在崇祯五年（1632）同善会创办一年之际，陈龙正就听说曹勋在路过嘉善城下之时，“见遗骨布地，怆恻伤怀，欲于会中措少赀，买地掩之”。曹勋当时在嘉善任官。受曹勋的影响，陈龙正决心参与到掩骼事业之中。同善会经费有限，日常施棺的范围也仅仅局限于城区，因灾荒而暴死者数目较大，故无法纳入施棺之列。陈龙正先进行寻访：“遣二僮与偕，环视城四围，为棺二百有二，无棺而新暴者，枯骨零乱，不可数也。”提出基于具体状况而分别处理：棺无盖者补之，新尸未腐者叶卷之，枯骨蒲裹之。他还提出，用于掩埋贫无以葬者的漏泽园还有宽余，可以埋葬暴尸遗骨。但灾荒之际，时人往往因图方便而直接在城下弃尸，方才造成“暴骨如莽”。陈龙正于是致信曹勋，请求设立专人分坊管验，强令将尸棺送埋于漏泽园，从而杜绝弃尸之举：

> 合恳邑父母，每门悬一告示，分列次三十人姓名于上，分坊管

验。凡有尸棺将委弃城下者，必令即日送埋漏泽园，并禁其火葬一节。违者照坊查治，是其始也。尚为刑禁，其久也必成仁风。

崇祯十年（1637），陈龙正还在为京师诸公所创的“掩骼会”作序说：

茕民没无榰，犹之生无食，其无告同，其哀迫同。然生而无食，尚能游行，口尚能呼号，告之一线，有未或穷者。死矣，不能告矣，非仁人自往来求之，且谁与乞之？是故谋生非后，哀死尤先。

灾荒之年，贫民若是生而无食，尚人就呼号求告；若是死了，则无人搭理。故掩埋尸骨一事，尤其重要。到了庚辛大灾之年，灾民死亡众多，“东南赤地千里，死骸弃孩盈路，有阖户自毒自经者”。陈龙正又制订了新的掩骼埋胔之法：

每月推一好义之家，约谕城坊仵作，令预备槀荐蒲包草索以待。日察街衢河港，遇有道殣浮尸，即与包裹束缚，抔聚一处。或一日或两日，经营之家，委信实纪纲，逐一点验。坎埋附近义冢，埋毕，每具立给鞯索价银三分，收埋工食银如之。

通过分区分镇，推举好义之家，然后与城坊仵作提前准备蒲包草索，一起进行每日巡查。遇有浮尸则包裹而埋于附近的义冢，每掩埋一具则立即给予三分银钱奖励，收埋工也会给予银钱。经过陈龙正等士绅的努力，掩骼也取得了一定的成效，“自春半至夏中，余家任其事，凡埋过五百五十余具”。

建丐房。灾荒之年，必然多有贫民成为流丐。陈龙正指出：“人知荒年贫民多死于饿，不知其更死于寒也。……盖以饿致死，其事暴，见者犹哀之。以冻致死，其事渐，人往往习而忘之。”灾荒发生之后，就会出现很多流丐，往往夜无栖身之地，即便白天可以吃饱，到了夜晚也容易受冻得病：“腹虚而体米，积寒中骨……内寒陡发，寒温相搏，数日辄毙。”据记载，当时嘉善的流丐，“（壬午）去冬约五六百人，自二月至五月，掩埋亦逾五百”。大多的流丐实际上死于受冻：旧冬感染了寒疾，到春暖时节则发作而致死。所以，陈龙正提出应该将“济寒”与“济粮”并重，“与赈粥疗饥之事，适而相成”。于是建立丐房，从而使得流丐夜晚也有栖身之地，不至于受冻得病。

养弃儿。灾荒之年，往往还会发生贫民因饥荒而抛弃幼婴的现象。饥荒使人无力喂养骨肉，不得不抛弃幼婴，有的期盼被家境宽裕的好心人收养，有的直接将子女抛入河中淹死。官府也会设置专门机构用于收养弃儿。陈龙正指出：

> 凡收养之家有二：一是巨室慈心者，一是小户无子者。
> 古今收养之法亦有二：一曰年丰还父母，一曰谊绝不归宗。

大户巨室而有慈悲之心者，确实也能收养弃儿，但大户之力也很有限，何况还会出现大户役使所收养的弃儿等问题；小户人家收养弃儿多半因为自身无子，也会出现新的问题：等到年丰之时是否还要归还其亲生父母？若要归还，则仅足糊口之家，何苦育此闲人？此外还会出现奸民诈寄养之类。因为种种状况，陈龙正仿效许昌叶梦得之法：“岁饥，榜谕收养小儿，按名置籍，申明律令，贫者日给米一升。朔望，抱至官舍看视，所活四千儿。”通过官府明令，给米一升，按名置籍、按时看视的方法，救活四千弃儿。他还补充说：“今律有三岁以下收养者，许从其姓，余别无明文。司一方之命者，或值阻饥，可以随时制宜，设保婴之法。”针对三岁以下的弃儿，允许其保持本来姓氏，若收养者命其改姓或者弃儿又被饿着了，随时想方法保护。

此外，除了针对贫民、流丐的救助，还有对于本县贫寒之士的救助。因为科举考试而造就庞大的士人群体，又因为商品经济的发展，原本位于四民之首的“士”的地位明显下降。陈龙正曾说：

> 农工商贾各有所为，既自食其力，亦有造于世。惟士不为劳力之事，以其劳心耳。今若悠悠泄泄，饮食嬉戏与鸟兽何异？士本贵

于四民之上，而不知所用心，则反贱于四民之下，其自喜贵于民者，形灰也；隐然实贱于民者，行事也，心事也。愧哉！

士人本贵于农、工、商，但在当时却反而居于下位。陈龙正对于贫士的处境十分同情："士者，民之观也，义所宜先，则亦情所独重。"也就是说，士人对于民众的教化，依旧有其使命，故在灾荒之年，应当给予高洁之寒士一定的救助。为此而还专门设置规条：

一，寒士家属多寡不一，凡有老亲幼子者，宜从厚。

一，凡有亲棺未能葬，男长未能娶，女长未能嫁者，宜从厚。

一，甘贫不言贫之士，理宜从厚，恐反以自重见遗，师长示令互举所知，庶免挂漏。

一，本邑贫士，拨入府学者，本学册籍，概未载名，理应一体察给。

一，资送银数，斟酌既定，须烦师长亲秤亲封，足色足数。

这些规定，考虑到了寒士家属的老亲幼子、有棺未葬以及娶妻嫁女等具体状况，也考虑到了自甘贫寒不愿告知外人、入了府学而在本县未有记载等不同的原因，还强调需要师长们亲秤亲封。这样严密的措施，可以使得救济到位，且有尊严。

陈龙正在《乡邦利弊考》之中有讨论乡村收布之策，帮助受饥的农夫农妇："吾邑以纺织为业，妇人每织布一匹持至城市易米认归。荒年米贵，则布愈贱，各贾乘农夫之急，闭门不收，虽有布，无可实处。乡村如有好义之家，量米多少，随附近收换布匹，每匹约照时价付米一升，积布在家，俟标客银至，布价自然复增。财不损分毫，而应农家之急，有莫大之功。"他看到了灾荒之年米贵之际，往往有不良商人故意贬低布价，甚至故意不收，使得以纺织为业的农户不得不将布匹贱卖而牟利，于是特别强调要有好义之家，通过米布相互流通的方法，实行惠而不费之计。

另外，陈龙正还反对官府征收重赋，主张兴修水利，发展生产，从而为备荒提供足够的物质基础。所以说，陈龙正救荒赈灾的各种思考，反映出他对于地方治理，其实有着整体的考量。晚明时代的士绅富户已经成为地域发展的主导力量。

第十一章　传世家训

家训主要是指父祖对子孙、家长对家人、族长对族人的直接训示、亲自教诲，也包括兄长对弟妹的劝勉，夫妻之间的嘱托。家训名称众多，如家训、家规、家诫、家约、家矩、家则，宗范、族范、世范、宗训、宗约、族约；部分家训是父祖长辈在临终之际做出的，如遗令、遗戒、遗训、遗书；传统家训大多出自严父之手，也有的出自慈母之口，如慈训、母训、慈教、母教等；很多家训往往是一代又一代、一辈又一辈传下来的，通常名为祖训、垂训、训言等；还有一些家训以儒家经典中的语句命名，诸如庸言、贻谋、庭训等。此外，家书也是家训的重要形式。

江南多望族，传世家训多。嘉兴地处江南核心腹地，明清时期经济发达，社会稳定，被誉为“浙西首蕃”“江东一都会”，人杰地灵，英才辈出，孕育了嘉兴钱氏、朱氏，平湖陆氏、沈氏，海宁查氏、陈氏等名门望族，产生了袁黄《了凡四训》、张履祥《训子语》、许汝霖《德星堂家订》等传世家训。传统家训研究专著《中国家训史》专节介绍嘉兴传统家训七部，占明清家训篇幅的四分之一。中共嘉兴市纪委编著的《嘉兴名人家风家训》介绍二十一位嘉兴文化名人家训，以点带面，言简意赅。浙江古籍出版社《中国历代家训集成》、天津古籍出版社“中国历代家训丛书”和上海古籍出版社“中华家训导读译注丛书”等传统家训集成或丛书收录二十一位嘉兴籍士人所写家训二十四部（明代十二人十三部，清代九人十一部）。特别需要关注的是，明代嘉善袁氏家族三人四部：袁颢《袁氏家训》、袁仁《庭帷杂录》、袁黄《了凡四训》《训子俗说》，堪称家训世家；晚明清初，吴麟征、陈龙正、张履祥、陈确、吕留良、陆陇其、许汝霖等名臣大儒皆有家训传世，堪称家训盛世。嘉善胥山陈氏的传世家训，即产生于堪称家训盛世的晚明清初，出自于理学与善学皆通的东林学派殿军陈龙正之手，后来也就成为嘉兴传统家训的重要组成部分。

陈龙正所著的家训专著《家载》主要记述亲人事迹、家人坟茔、义庄规矩、家礼、家训等，上卷包括《父兄实纪》《治句遗迹》《蜀行纪》《遗德纪》《困学说》《丁孺人行略》《明发斋偶记》《祖茔记》《先祠墓记》《仲媳志石》《廉宪公义庄遗则》等，下卷包括冠、婚、丧、祭之礼及《杂训》等。其中，《父兄实纪》《治句遗迹》等篇是陈龙正父亲陈于王、母亲盛氏、兄长陈山毓等人的事迹记录；《廉宪公义庄遗则》十四条仿效北宋名臣范仲淹等撰写的《范氏义庄规矩》，对义田的管理及收入使用情况做了详细的规定；冠、婚、丧、祭等篇是陈龙正为陈氏族人制定的礼仪规范；《杂训》三十四条详细阐述了陈龙正的处世之法、治家之规、教子之道，是陈龙正家训的核心部分。

陈龙正的《杂训》用语简练，意涵却朴素深长，不仅在当时广为流传，还传于后世，成为有着重要影响的中国古代家训名篇。就其主要内容来说，《杂训》三十四条可以分为三大类：第一类是处世之法，共七条；第二类是治家之规，共十七条；第三类是教子之道，共十条。以下，我们打散条目原来顺序，分门别类进行简要解读。

一、处世之法

处世之法，含《杂训》第一条、第二条、第三条、第四条、第五条、第六条、第三十四条等共七条，是《杂训》三大类中篇幅最少的一部分，短小精悍，充满辩证思想。

先来看《杂训》开篇第一条：

古者产属王朝，无生可治，士亦不治生。朝夕稻粱，置之若遗，况储余财及后！故孔子居官则器服备具，失职则蔬食或绝。后世如诸葛武侯，亦有桑田以给子孙。宋室官俸优渥，而温公犹与初命士，皆首问其世业，以为衣食无忧，则居职易廉。则以业遗子孙而守之，后世之势，亦后世之礼矣。致之有义利，守之有本末耳。先公廉俭所遗，庶几使后世子孙，出足以养廉，处足以昭俭。如有不遵遗志，殖货无厌者，则先公所恶也。勤俭则岁积有余，积久渐多，宜遇大事能散，然后非治生之俗子。昔范蠡智术之士，犹能屡积屡散，马将军亦未闻道，不甘为守钱虏。财者，氓庶所最重，士君子所易轻。若于此粗浅关头，尚多系恋，种种嗜欲，安望清除？虽正衣冠，谈仁义，不比于人数矣。

这条主要讲的是道德问题，注重廉洁与勤俭，倡导慈善与仁义。陈龙正从孔子、诸葛武侯、司马温公等人的故事中，得出“以业遗子孙而守之，后世之势，亦后世之礼”和“致之有义利，守之有本末”的结论，并通过讲述其父陈于王居官多年既“廉”又“俭”，靠正当途径积攒了大批财物，可以使子孙“出足以养廉，处足以昭俭”，教育陈氏家人谨遵陈于王遗志，做到廉洁与勤俭。在此基础上，陈龙正指出“勤俭则岁积有余，积久渐多，宜遇大事能散”，论述了“勤俭”与“积”和“散”的关系，为他从事乡村赈灾救济事业提供了理论依据。同时，他还从儒家传统君子人格塑造入手，以范蠡、马援为例，深入讨论了“积”与“散”的关系，教导后世子孙轻财物、重仁义，做一个有道德操守、有理财能力、有慈善之心的正人君子。

再看第二条：

人性不悭，必不至大富。不贻子孙以大富，则不生侈心。不侈，则又不至大贫。是贻子孙以善守者，不悭乃其本也。祖父累之如锱铢，子孙费之如泥沙。子孙痴根，还从祖父愚性生下。

这条主要讲的是家庭财富传承，倡导适度节俭。陈龙正从中国传统农业社会家庭财富积累与败家经验出发，把“悭”“富”“侈”“贫”联系起来，认为“人性不悭，必不至大富”，祖辈积累财富，多从省吃俭用中来；“不贻子孙以大富，则不生侈心”，家中如果不是富豪，子孙也就不会养成骄奢淫逸；“不侈，则又不至大贫”，子孙懂得如何使用财物，家族也就不会突然衰落。因此，他认为，“不悭”是传家之本，家庭财富取之有道、用之有度，才会长长久久。中外文学中的严监生、葛朗台、夏洛克、阿巴贡、泼留希金等著名守财奴形象，就是悭吝过度，重物不重人，导致众叛亲离，家庭衰败。当然，也不能只会享受，不懂积财，《红楼梦》贾府衰落的重要原因就是子弟骄奢淫逸，应当引以为戒。

第三条：

> 修曰：“太平不享豪华，乱离可免兵革。此一理也。又须不乘凶荒之利，方可度兵火之运。只如粜米一事，近来米贵，每至两外，富者皆安然粜价。此虽无利人死亡之心，然实乘众之急，而我享其赢，不祥之大者也。家有余廪，当于每岁青黄不接之际，减价十之二三，以济饥茕，令所得价值，只与常年相似。所捐虽少，然幸灾乐祸之意，消除略尽矣。豪华者，世俗认为享太平之乐，而我不肯享。贵卖者，世俗相与行乱离之事，而我未尝行。则虽遭厄运，庶几免于戾乎！”翁大善其言，因曰：“人家累世能然，真可谓脱寻常矣。但行之须用精力，逐日躬亲点视，零星升斗粜出，务令沾及贫民。不然，恐家僮掌出入者，破冒其间，又有市井狡猾，易名变服，绵绵籴取，携至肆中，仍作己物，高时得价。犯此二弊，则皆徒利好狡，而无济困穷。故行仁者必以智。”

这条主要讲的是家庭经营，倡导赈济救灾、以智行仁。陈龙正次子陈修认为，“太平不享豪华，乱离可免兵革”，讲的还是节俭。他以粜米为例，认为不能趁乱发财，越是生活困难年份，越要在青黄不接之时，降价把米卖出，以接济穷苦百姓。只有做到太平年份不享豪华、困难年份不发横财，才能内心平静，免遭厄运。陈龙正高度认可陈修的看法，并提出要以智行仁，就如何防止家仆利用职务之便徇私枉法、如何防止地痞无赖冒充灾民低买高卖等细节之处进行了指导。

第四条：

> 爱惜、暴殄本是两意，愚者有时合成一病。如饮食剩除，宜趁鲜香之时，分给于下，鄙衣故履，未至无用，宜散与仆从或贫寒之人。每见夫人悭吝爱惜，将余食珍藏，夏不过一日，冬不过十日，皆腐败矣。衣履破敝，故藏之箧笥则不必，欲与之人则不能，堆阁闲处，听其腐烂，使人不得受其养，物不得伸其用，是皆以爱惜为暴殄者也。时时当讲解而提醒之，使晓此理，自此无失。

这条主要讲的是对待外物的看法，倡导用物适宜、取舍有度。陈龙正辩证地思考了“爱惜”与“暴殄”的关系，认为两者本来是两个意思，但有时候却分不清这两者的区别，既不能做到节约物品，也不能做到物尽其用，最终结果就是浪费。他从日常生活的小细节中，举了两个例子：一是吃不完的食物，要趁新鲜时分发下去，“饮食剩除，宜趁鲜香之时，分给于下”；二是穿过的旧衣服，要趁可以使用的时候送给别人，“鄙衣故履，未至无用，宜散与仆从或贫寒之人”。因为，吃不完的食物，“夏不过一日，冬不过十日，皆腐败矣”；穿过的旧衣服，“藏之箧笥则不必，欲与之人则不能，堆阁闲处，听其腐烂”。食物腐败变质，只能倒掉，造成浪费，非常可惜；衣物堆积搁置，时间长了也会腐烂变质，既占了地方，也没法使用，最后还是要倒掉，造成浪费，非常可惜。两者的最终结果就是“人不得受其养，物不得伸其用”，把最初的“爱惜”变成了最后的“暴殄”。这里说的是吃的穿的，虽然都是些小事情，但却反映出了大道理，就是不能盲目爱惜、过分爱惜，以至于暴殄天物，造成资源浪费。陈龙正建议，这种对外物的处理方法，家长要时时讲解，及时提醒子侄，让他们辩证地看待“爱惜”与“暴殄”，明晓物尽其用的道理,不至于由“爱惜”而生出“暴殄”。日常生活、工作和学习之中,由“爱惜”而至“暴殄”的案例还有很多,每一件物品,只有在合适的时间、到了合适的地方,才能发挥出最优的效力、最大的价值。陈龙正对外物的看法,以小见大,颇具智慧。我们在对待外物时,要充分把握外物的特点和规律,只有做到取舍有度,才能有效发挥价值。

第五条:

盛馔变色,为相敬也。蔬食必饱,为相爱也。随分而宜,有何分别?识此意,人易于待我,我亦易于待人。若不得圣人之意,将恬然而安之。此其病根是傲。不得晋平公之意,且以为简我而不乐矣。此其病根是陋。若真心为学,只饮食间便须变化气质。

这条主要讲的是身心修养之道,倡导随分相宜、怡然自得。陈龙正认为,当主人家为你准备丰盛的酒菜时,你要肃然起敬、表示感谢,因为这是互相尊重;当主人家准备的饭菜很一般,甚至不合乎你的口味时,你也必须要吃饱,因为这是对主人家劳动成果的尊重。知道了这些,人与人之间相处起来就很容易了:“人易于待我,我亦易于待人。”如果不知道这些道理,就没法恬然自处、心安理得,这就是犯了“骄傲”的毛病;如果认为主人家准备的饭食比较简单,有慢待的意思,那就是犯了“鄙陋”的毛病。因此,陈龙正认为,真正求取圣贤学问的人,注重了饮食等日常生活细节,就会有很大的进步。所谓“一箪食,一瓢饮,在陋巷,人不堪其忧,回也不改其乐”,所谓“士志于道,而耻恶衣恶食者,未足与议也”,所谓“世事洞明皆学问,人情练达即文章”等等,说的都是这些个道理。

第六条:

曷可用享,簋二,《损》之时也。夏屋渠渠,簋四,《颐》之隆也。於粲洒扫,簋八,《丰》之致也。知己相招,情欣于赴,知人肺腑,故曰相知。居恒自念,禀薄福薄,没深俭惜。又见民生日贫,风俗日奢,饮食宴会，亦一大端。士不率先，民何观法？士奢民奢，士俭民俭，自然之势，素心亦然。相知所信，迩来秩宗启请，圣允煌煌，普天恪共，宜率先者，尤在吾党。不兼几，不杀生，不演曲，不六博，清谈久坐，欢洽较倍。簋极于八，荤素相间，汤点果盒称是。万勿罗列广侈，使鄙人登忘忧之坐，默增三叹之怀。傥疑饮食小节，何必斤斤？宴会粗迹，何足介介？窃以矜忽攸分，亦关学问，制事无小，制心无粗，况省我饱余，堪疗众饥，又分体圣天子轸恤穷黎之意者乎？

这条《饮食约》，倡导节俭、清谈。陈龙正用《损》《颐》《丰》等《周易》里面的卦名以及爻辞，用“曷可用享”“夏屋渠渠”“於粲洒扫”等经典语句，分析了“簋二”“簋四”“簋八”内含的深意，指出招待知己在于肺腑之情，而不在于酒菜多少。当时，社会动荡，灾害频仍，陈龙正的家乡嘉善所在的江南地区经济社会虽然总体稳定，但也存在很大的问题。底层民众生活贫困，士绅阶层骄奢淫逸，反映在饮食方面，就是互相攀比，造成社会资源的很大浪费。这种情况之下，如果士绅阶层不做表率、没有收敛，社会风气将会进一步败坏，社会秩序将会遭到很大挑战，最终损坏的还是士绅阶层的整体利益。因此，陈龙正大声疾呼：“宜率先者，尤在吾党。”他提出了宴席的原则：“不兼几，不杀生，不演曲，不六博，清谈久坐，欢洽较倍”；并提出了酒菜的标准：“簋极于八，荤素相间，汤点果盒称是”。在当时普遍奢靡的社会情境下，节俭、清谈可能会遭到嘲笑甚至讥讽，为此，陈龙正教导子孙说，饮食不单单是酒菜多寡的脸面问题，还事关学问大道：“矜忽攸分，亦关学问，制事无小，制心无粗”；更关系到底层民众生活：“省我饱余，堪疗众饥”。这一条家训中，陈龙正言辞恳切，全在补救社会之弊端，其良善之心、救民之道，跃然纸上。

最后再看《杂训》第三十四条，也就是原文的最后一条：

可为之善事，有未及行者，以前之过举，有未及改者，一家之事宜，有未及清妥者，凡此皆人生未了之心愿，当及时了之。大抵亏己一分，饶人一分，无不可了。若居官职业，随分尽之，势难行而机可绥者置之，其义必当为而阻于势，则委职而去可也。亦须早其见，微其辞，若后时讦激，虽去犹殃。此数者，皆以完得速、放得下为是。惟修身穷理，有进无已，与此生相始终。

这条主要讲的是修身之道，倡导进德修业、终身行之。陈龙正指出，“可为之善事，有未及行者”要及时行善，“以前之过举，有未及改者”要及时改过，“一家之事宜，有未及清妥者”要及时处置，所有未了的心愿，要“及时了之”，不能留些缺憾。他提出，“亏己一分，饶人一分”是做人的基本原则，如果能够做到，那就已经成功了。做官之人，更要“随分尽之”。如果事情可为，就迎难而上、为民做事；如果事不可为，就早做打算、尽早辞职，不要贪图名位，害人害己。这些事情，都要早下决断，早些处理，“完得速、放得下”才是真理。陈龙正的一生，是积德行善的一生，更是修身穷理的一生。他虽考中进士，做过中书舍人、南京国子监丞等低级官僚，但从不恋栈，多次提出辞呈；南明小朝廷授予他礼部主事，他也没有去赴任。种种行为，应了他“早其见、微其辞”“完得速、放得下”的训言。“惟修身穷理，有进无已，与此生相始终”，这句话是陈龙正一生的注脚，也是他教育子孙的金石之言，更是我们今天需要牢记的警世格言。

二、治家之规

治家之规，含《杂训》第七条、第八条、第九条、第十条、第十一条、第十二条、第十三条、第十四条、第十五条、第十七条、第二十五条、第二十八条、第二十九条、第三十条、第三十一条、第三十二条、第三十三条等共十七条，是《杂训》三大类中篇幅最大的一部分，也是陈龙正生活经验的总结，从中可以看到晚明士绅生活的十多个具体面向。

其一，《杂训》第七条：

> 门路出入有定规，凡近内门户，仅容十二三岁儿童，传语出入，过此即当禁足。非有事特呼，不得擅入。每门明立禁约，写于贴上，犯者必责如数。愚人不识，以为严所不必严，岂知此事？闲处着忙，缓里着紧，习成规矩，自然闺门清肃。知风之自，防自不防风。

这主要讲的是内外门户。古人认为“男女授受不亲”，讲究礼教之大防。陈龙正是晚明大儒，他严守儒家礼法规定，明确提出“凡近内门户，仅容十二三岁儿童，传语出入，过此即当禁足”，“非有事特呼，不得擅入”。把除男主人以外的成年男子隔在内门户之外，同时也就把成年女性禁锢在内门里面，导致她们“大门不出，二门不迈”。与此同时，陈龙正还要求“每门明立禁约，写于贴上，犯者必责如数”。他不仅仅是申明了态度，还明确了规矩，做到了有规可依、有规必依。为此，陈龙正解释道，“闲处着忙，缓里着紧，习成规矩，自然闺门清肃”，平时做好了，从小养成习惯，也就习惯成自然了。陈家家风严谨，由此可见一斑。

其二，第八条：

> 每见士大夫居家无乐事，拽买儿童，教习讴歌。酝酿淫乱，十室而九，此辈日演故事，无非钻穴逾墙意态，儿女辈习见习闻，十来岁时，廉耻之心早已丧尽，长而宣淫，乃其本分。愧之不动，禁之安能？为祖父者，耽耳目之细娱，忘中冓之隐祸，何心哉！何心哉！延优至家，已万不可，况畜之也！此必作孽既甚，势又隆炎，莫敢发难，天故遣自毒其后。恶人多迷，善人常醒，天道行于人心。

这主要讲的是家养戏班问题。明清时期，江南地区社会风气奢靡，家养戏班普遍存在，由此导致的家庭丑闻也很多，这一时期产生的古典小说《红楼梦》对此现象有所揭示。陈龙正旗帜鲜明地反对士大夫在家里养戏班子。他指出“酝酿淫乱，十室而九”，养戏班子之家十有八九会导致淫乱问题产生，因为“此辈日演故事，无非钻穴逾墙意态”。士大夫名义上是娱乐身心，事实上是淫乱家庭，子孙后辈见怪不怪、养成习惯，早早地就丧失了廉耻之心，长大后发生丑闻也就是意料之中的事情了。陈龙正深刻地揭示了家养戏班现象及其导致的严重家庭问题。他认为，这件事情，虽然丑闻发生在子孙后辈身上，祸根却在祖辈父辈身上，只是当时那些达官贵人“作孽既甚，势又隆炎，莫敢发难”，报应却很快就落到了他们的子孙身上，“天故遣自毒其后”。这说到底还是个家风问题。上梁不正下梁歪，不是不报时候未到，说的都是这个道理。因此，陈龙正语重心长地说：“恶人多迷，善人常醒，天道行于人心。”以此教导子孙顺应天道、不忘初心，多行善、勿作恶。

其三，第九条：

> 虽有风流嗜利之士，未尝许娼妓托名。优与娼本无高下，况女旦以优兼娼，乃许之假托名色，书某府某衙女旦某人班。忸怩于彼而慨然于此，何哉！时非战国，身非燕丹，畜家妓以悦人，为宣淫之领袖。念及于斯，立刻碎其招摇，犹云晚矣。

这条延续了第八条的内容，主要讲的还是家养戏班问题。上一条说的是家养戏班对家庭的危害，这一条说的是家养戏班对社会的危害。陈龙正认为，家里养着戏班子的所谓风流才子，很多是沽名钓誉的贪财好利之徒。他们蓄养女旦，一方面是为了自己享乐，另一方面也是为了把女旦作为财货，用来结交社会名流、达官贵人，借以达成不可告人之目的。古代士大夫把姬妾送人的比比皆是，用家养女旦来谋取私利的就更多了。对此，陈龙正指出，这些人蓄养女旦，假装风流清高，实际上是“宣淫之领袖”，良好的社会风气和稳定的社会秩序就坏在这些沽名钓誉之徒手里。因此，他才大声疾呼“立刻碎其招摇”，虽然是亡羊补牢，但也并不算晚。

其四，第十条：

> 园亭之设，为宴游者多，为读书者少。仕优则学，纵使宦成之后，何便为行乐之时？若读书方用功，先起台榭、恣游观，恐于书

生更不相称。此物此事，终始可已。吾尝嫌白香山到处累石凿池，虽雅人风韵，其实亦觉多事。惟晋公绿野堂得宜，以彼元功大望，上有昏主，下有妒臣，若闭门持重，不日就良辰美景之间，潇洒劝酬，疑忌深矣。士大夫寻常退休，何必于是？或言智者乐水，仁者乐山，夫子亦有舞雩之游，杏坛之讲习，有逝者如斯之会心，有春风咏归之喟叹，境界能为学道助，良不诬也。不知山静川流，天造地设，故足以涤尘想，发道心。若人工结构，累石渟泉，剪彩为花，原无生意，层见人于假山假川之旁，悠然有会，恍然悟道者耶？此虽极其幽胜，只作繁华，极其飘逸，只作俗趣，且非独无益也。凡物有兴必有废，方其盛，我竭力而营之，及其衰，他人复竭力而运之。一兴一废之间，无不有费时伤财之害。其耗蠹于人间，暴殄乎天物，有不可胜计者矣。果有山水之致者，春和秋凉，偕良朋命驾，百里内外，皆有涉猎。遇胜境赏心，盘桓数日，素有本领，未必无元公月岩之助也。其在书斋，随意花竹数茎，足矣。陶翁所云“树木交荫，时鸟变声，欣然有喜”，何苦为此无益身心，得罪造物之事哉？吾愿子孙超然旷观，勿羡愚俗，有此举动。处寂寥而效颦，岂承家之俊物？值满盈而不成，尤适力之小人。

这主要讲的是营造园林。士大夫家建造园林，是为了读书，还是为了游玩？对此，陈龙正明确指出：“园亭之设，为宴游者多，为读书者少。”这大概符合历史事实和社会现状。读书，一张安静的书桌即可，何必亭台楼阁，大费周折呢！陈龙正认为，士大夫辞官返乡之后，也不要急着建造园林，用于享乐；正在读书求学的年轻士子，更不能“起台榭、恣游观”，把大把的时间浪费在游玩上面。陈龙正用唐代诗人白居易修建香山别墅、宰相裴度修建绿野堂的故事正反对比，说明营造园林的必要与非必要。如果是为了游玩，那就没有必要；如果是为了避嫌，那就很有必要。在此基础上，陈龙正分析了环境与读书的关系。他用孔子“舞雩之游”“杏坛之讲习”“逝者如斯之会心”“春风咏归之喟叹”等典故肯定了环境对于读书的积极作用，认为“境界能为学道助”。同时，他也指出，这里的环境指的是自然环境，而不是人工改造过的仿造自然。何况，营造园林费时伤财，“方其盛，我竭力而营之，及其衰，他人复竭力而运之”，一兴一废，暴殄天物。在此，陈龙正还用事实肯定了环境对于读书的促进作用。“春和秋凉，偕良朋命驾”，“胜境赏心”，“未必无元公月岩之助”。即使在书斋里，“随意花竹数茎”，也能起到赏心悦目、催人奋进的良好效果。最后，他着重强调，“吾愿子孙超然旷观，勿羡愚俗，有此举动”，无论家中财力充盈还是亏损，都不要跟风营造园林。

其五，第十一条：

> 俗所通用而必不可袭者四事：一曰家中不用优人。优人演戏，无非淫媟，岂可令妇人童稚见之？即亲翁新过，先期告之，同志高明，必不见罪。傥宴公祖父母，轮流为首，谊不可辞，亦须度量官府品致，可已者，明告而罢之，不可已，宁借他处园亭，勿坏家法。二曰疾病祈祷，勿广杀生。尝见莲池上人《戒杀文》中有此条，悲惨恳恻，悚动狂迷，深助儒道。凡信祈祷者，大抵愚夫愚妇，彼此惊怖地狱，崇信轮回。杀生乃佛家首戒，何独于禳灾之期，反不信而故犯？死生有命，不足与言，就其所明引而禁之，亦应止矣。三曰僧尼佛婆，勿令入门。愚人或逢生子，或己生日，或逢丧事，辄令此辈诵经念佛，昧礼犯义，无益有损。妇人行之，已为可恶，男子信之，尤属可羞。四曰宴会有定品，勿暴殄天物。随常往来，则温公所记群牧判官事，近日梁溪先生《同志约》，本乎道气，感乎庸情，可仿而遵也。宴郡邑大夫及新亲，并应度情量义，斟酌得中，务为返奢从俭之计。

这条讲了家中禁止做的四件事情：一是“家中不用优人”，这与前面所说的家养戏班问题类似，即使是为了孝敬父母，也要遵守法度；二是“疾病祈祷，勿广杀生”，指出了杀生以禳灾的荒谬之处，提倡“死生有命”，不可盲信佛家之言；三是“僧尼佛婆，勿令入门”，这与晚明社会的佞佛佞道风气相抵触，与传统儒家的观点很一致；四是“宴会有定品，勿暴殄天物”，提倡节俭，这在处世之法篇章中已有论述。

其六，第十二条：

> 或曰:“近见大族妇人,入寺拈香听经,拜高僧为师,可不禁与？”曰：“是为之纲者，非复人类也。廉宪公治句也，民家妇人至茅山，皆禁之，况衣冠族耶？吾知子孙必无是事，故不列于训。”

这条主要讲的是禁止妇人烧香拜佛。陈龙正的父亲陈于王在治理句容时，曾经禁止妇人“入寺拈香听经，拜高僧为师”，陈氏家族作为诗书传家的官宦之家，自当遵守祖上遗教。

其七，第十三条：

> 布施须有条理，族人已置义庄，不必复论。其外则当仿阳明先生意，每岁田租，除公私用度外，割除若干石为行义之资。视外亲之近而贫者，与朋友之有行谊而贫者，远亲近邻之生无以养、没无以敛者，故旧子孙之不能自立者，酌缓急多寡而量助之。无干众，人耳目偶遗，随时周济，亦无定额。又修桥补路，实有便于人者，随意量捐。惟不可斋游僧，不可听扛佛点灯化缘恶套，及助造殿装佛、写经刻经，不可助一应寺观斋醮及请僧众至家诵经拜忏，不可延尼姑佛婆联翩念佛。此端一开，滥觞无极。无一毫济利真功，而酿盗贼，坏风俗，毁清规，惑妇稚，种种贻害，不可胜计。布施美名，反成恶事，大可恶也。数十年前，某处有假尼，事败，毙于狱，穷其陋秽，殆不忍言。引悔入门，自作之孽，将以谁咎？好尚不端，施舍不审，其报如此。可不戒哉！可不戒哉！男子正其身，女子率其教，是为清洁之门。

这条主要讲的是布施。陈龙正认为，布施要看对象，须有条理。陈氏族人已有义庄救济，不在讨论范围之内。除此之外，陈家每年的田租，除了日常生活用度之外，还要充分考虑“外亲之近而贫者”“朋友之有行谊而贫者”“远亲近邻之生无以养、没无以敛者”“故旧子孙之不能自立者”等各种情况，酌情、量力给予一定资助。至于无关人员，或修桥补路等事，也可以适当资助。但是，不能布施僧众和寺庙。陈龙正对佛教及僧尼，一直持否定态度，这与晚明士大夫佞佛导致社会风气败坏的现实有关，也与他坚信儒家思想有关，反映了那个时代乡村社会士大夫的思想现实。

其八，第十四条：

> 扶济贫穷，施赠豪杰，均属美事，得失悬甚。济贫穷是日用常行，百不失一。赠豪杰是格外偶然，若非具眼，即成妄费，稍涉结纳，即成毫举。每召干求，究反致怨，甚或贾祸，不可不慎。

这条陈龙正将“扶济贫穷”与“施赠豪杰”进行了对比分析，提倡救济贫苦民众，不要结交江湖豪杰。纵观陈龙正的一生，他先是积极参与嘉善救灾，后又建立陈氏义庄、成立嘉善同善会等，积极从事慈善事业，从没有过结交豪客、蓄养死士的过激行为。这与他的淡泊品性有关，更是他的乡绅身份所限定的。

其九，第十五条：

> 唐太宗以天子之尊，犹知生日增悲，况学士大夫，忍以是日酣歌称庆乎？身为孝子慈孙，当止是事。子孙为孝子慈孙，当体亲心、从亲言，勿行是事。

这是讲禁止游宴过度。陈龙正从唐太宗李世民“犹知生日增悲”典故说起，指出士大夫不能“是日酣歌称庆”，骄奢淫逸，一事无成。他告诫后辈子孙，应该“体亲心、从亲言”，多听取长辈的意见和建议，珍惜时间，勇毅前行。

其十，第十七条：

富者省乳哺之劳，贫者代哺之，食其食，衣其衣，以养老育幼，至便也。然贫者代人哺子，而弃其所生之子，每觅无子家，以己子与之，无子家亦贫。以代人乳儿而妨己业，初虽允受，渐生厌心，襁褓之孩，受人厌而能生者寡矣。吾家雇乳母十余人，少时念未及此，渐长始闻，悯之特甚，无异杀人子以养吾子。每念之汗下，然未有策以救。今为酌一法，凡雇乳母时，先令择亲戚中实有余乳、愿抱养者，以其子付之，本家于券议三年工银外，另助银二两五钱。受乳母之子者，当时先以五钱给之。三月，抱至本家，令其生母验视无恙，再给一两。周岁，验视无恙，又给一两。儿之难生，在于幼小，大约儿生数月，其母始出受雇，寄养三月，则半岁有余，又复一岁，则近二十月矣。方幼小时，抱养之家，未必心爱，然利此一金有半，代哺亦甘。及一岁外，善嘻笑，能立行，虽非亲生，欲不爱怜，亦不可得，况又得一金，其尽心抚视，无疑也。万一愚人不仁，借抱养之名以收利，不尽抱养之实以误人，故特令两番抱验。傥沉瘦悴，即为另觅有乳家易之。及其长大，听代养之家主之。此则乳母之子宜可多生，富人之妻不劳，贫人之子不死。且贫人失一子，何其痛楚，明知受雇必杀其子，而宁忍之者，饥寒迫也。若雇乳母之家，即不侈富，必不大贫，二岁之中，于此二金半何有？小费钱财，免杀人子，孰轻孰重，何疚何安？况天实好生，吾能以生意合之，则全人儿亦所以保吾子也。今后吾家当永行此法，愿与爱子者同之。

这条雇乳母说，主要讲的是聘请乳母问题。古代社会乃至民国期间，富贵之家聘请乳母是正常现象，上至皇室，下到乡绅，此种情况，比比皆是。然而，在这一现象背后，却存在着很严重的社会问题。妇女被聘请去哺乳别人家的孩子，导致自己生的孩子无人喂养，因营养不良而身体羸弱甚至饿死的情况有很多，进而导致乳母嫌弃被雇佣之家孩子的情况也有很多。如何才能避免这种情况呢？陈龙正给出了他的建议，那就是富家帮助乳母之子选择抱养人家，并做好监管、分次给予报酬，以保证被抱养的孩子健康成长。现代社会，雇佣乳母现象已不再存在，但是作为一种解决社会尖锐矛盾的良好建议，陈龙正的慈善立场和分期付款做法有其合理性。

其十一，第二十五条：

> 惨祸之门不同，各有感召焉。有先征焉，或御家残酷，此以杀机感也。某曰："危哉，是将有叛逆之变。"未几，乃死于官方。或其家神鬼嚎啸，数数附于人，言未来事，其人方高明显隆，某闻之，曰："人衰故鬼旺也。"俄而被祸。或聪明豁达而独湛于色，致妾婢无复尊卑。谈者曰："夫夫也，刀锯日在颈矣。"俄以诬罔受难。感召不同，先征亦不同，智者皆早识其不祥云。至于蒙祸之后，旁人为之悲凄，为之危栗，其子弟顾夷然，不追痛已亡，而皇皇于利，不殷忧蒙患，而意气扬扬如平时。呜呼，此亡者之不可复兴，仅存者之必底于亡也欤！使其子弟意思深长，得一人也，尚可挽一家之运。然令子弟而意思深长，于既至定挽回，皆观其子弟而炳如矣。或久否而初兴，举家气焰张甚，其于行乐鸣得意，皇皇汲汲，朝不及夕。呜呼，其家久不出五年，近不出三年，衰落复至，将不可救。三者已往，一者未来，皆近事目击，悬为剥复之券，垂戒子孙。又以知举家谨肆，起于吾身，日慎一日焉。

这条是丙寅四月所记，主要讲的是大事发生之前的端倪。陈龙正认为："惨祸之门不同，各有感召。"大势来临之前，或是"御家残酷"，或是"神鬼嚎啸"，或是"聪明豁达而独湛于色"，种种感应不同，发生的祸事也就不同。罹祸之家，如果子弟能从中得到经验教训，家族或许还能复兴，但是，如果"久否而初兴，举家气焰张甚，其于行乐鸣得意，皇皇汲汲"，就会导致祸害重来，朝不保夕，"其家久不出五年，近不出三年，衰落复至，将不可救"。陈龙正从眼前的事例中得出结论，告诫子孙谨言慎行，远离祸害。

其十二，第二十八条：

勿买瓜葛不明之产，勿收来历不明之仆。交易时，宜详审而后行。倘一时为人所给，后有相告者，即核实而吐还之，理取原价可也。或虑吐还为失体面，恐人非笑，此最愚之见。始也不知而买之，既也知而吐之，如日月之更，众方感仰之不暇，是谁非笑之有？若坚遂前非，必招怨恨，招咒诅，招讼狱，费神思祷踏，费笔舌干请，所失殆不可胜计。然则法古人之改过不吝，反失体面乎？法小人之过也必文，反得体面乎？凡置产买仆者，必粗足衣食，粗读诗书，否则列士夫、首民庶者也，苟抱一隙之明，岂待再计而决？

这条讲的是购买产业和奴仆问题。陈龙正认为，瓜葛不明的产业、来历不明的奴仆，不能购买；购买之前，必须要详细审查清楚来源。如果买了之后产生是非，只能原价卖出，不能趁机要价，招致怨恨，次生损失。对于这里面的脸面问题，陈龙正看得很开，不在乎时人的议论。作为一名比较有声望的乡绅，陈龙正要求所购买的奴仆“粗读诗书”，这样才能融入到家庭生活中去。物以类聚，人以群分，无外乎是。

其十三，第二十九条：

传示家人谕曰：人家盛衰，全由人心慎肆。童仆内外，人人谨饬，其家必日兴。若或反是，其家必日替。然童仆根于子弟，子弟根于主人。我家年来颇见衰端，甚为可忧。除躬自修省、痛行划除习气外，凡我子弟，务各加谨。发言宁少，作事宁退，各自风化其童仆。彼有人心，必然知主人之意向。人人收敛，庶几有转衰趋吉之理。我今特发此语，委出恳诚。如家童中有不知感动、不遵法度，或兜揽闲事，或与人角口，或酗酒嫖赌等项，遇人来诉，管门即与通传，重则送官，轻则治以家法，决不护短，亦决不姑息。与其有犯而后惩，何如预戒而勿犯！归期不远，先此切示。

这条来自陈龙正的家书，主要讲的是家庭兴衰问题。陈龙正认为：“人家盛衰，全由人心慎肆。”如果主人和奴仆都很谨慎，家族必定兴盛；反之，则会日渐衰落。他进而指出：“童仆根于子弟，子弟根于主人。”主人才是家庭兴衰的最关键因素。因此，他要求家中子弟“除躬自修省、痛行划除习气外”，“务各加谨”。如何谨慎？陈龙正要求：“发言宁少，作事宁退，各自风化其童仆。”家中子弟和奴仆都做到谨言慎行，家族才有可能转衰趋吉。陈龙正强调指出，如果子弟与奴仆“有不知感动、不遵法度，或兜揽闲事，或与人角口，或酗酒嫖赌”的，犯了事被人找上门来，严重的送去官府治罪，轻微的家法伺候，决不护短，决不姑息。乱世用重典，陈龙正此举无可厚非。

其十四，第三十条：

处家以罚为赏，惰者罚之，则众趋于勤，有所畏也。出行以赏为罚，勤者赏之，则众莫敢惰，有所激也。或曰:“何以异哉？”曰:“出行，则舟车之间劳矣，虽惰亦疲，又远其亲属以从我，宁忍加罚？故以赏为罚者，以不赏为罚也。处家以罚为赏者，以不罚为赏也。不然，将不胜赏矣。异乃各得其情。”

这是讲赏罚问题。陈龙正认为，“处家以罚为赏，惰者罚之”，“出行以赏为罚，勤者赏之”。一处一出、一罚一赏，众人有所畏，则“趋于勤”；众人有所激，则“莫敢惰”。这就能够很好地调动奴仆的工作积极性。无论是“以赏为罚者，以不赏为罚”，还是“以罚为赏者，以不罚为赏”，陈龙正对于赏罚之道的讲解，目的在于更好地管理奴仆、把控大局，体现了他丰富的生活阅历和深厚的学识修养。

其十五，第三十一条：

每出旬日而归，僮仆驾车操舟，皆有馨鼓弗胜之气。东山之诗，悉人情矣。以天下之故劳民，圣人犹哀之，以一身劳数人，而曰主仆之分宜尔，何其残也！

这是讲人要有同情心。陈龙正认为，每次出行，旬日才能回来，随行奴仆或是驾车，或是操舟，非常辛苦，疲惫不堪。作为主人，要体谅奴仆的辛苦，不能拿着主仆名分，过分地压制他们。人同此心，心同此情。陈龙正的良善之心，不单单是对家人和族人，更有对家中奴仆的关爱。

其十六，第三十二条：

> 陆行水行，见舆夫舟夫邪许趋命，寒霜烈日，乃其常处，居暖就阴，反为偶然。我辈处舟舆中，犹觉困顿不堪。天耶人乎，潸焉垂泪。睹此而不念，念此而不触类引申，非人也。

这还是讲的同情心。陈龙正基于儒家生生思想，从仁者爱人视角出发，提出要善待舆夫、舟夫等人，体谅别人的辛苦和付出，尽量做到与人为善，再次显示了他的良善之心。

其十七，第三十三条：

> 或问："子遇婚葬，或公家利病大事，必置小折于夹袋中，细书端绪，或造成册本，分派施行，岂其恐遗忘耶？"曰："举大事条绪繁多，必因人分派。分派非预为斟酌，未必得宜。径与口语，彼庸众人一入耳之顷，亦难详事情之曲折。故面命之下，随开一单付之。彼便于奉行，我便于查验。"

这一条主要讲的是做事要有条理。陈龙正指出，碰到大事，头绪繁多，必须根据众人品性和能力的不同，分别指派任务。任务下发之前，要预先筹划好，并把众人各自需要去做的事情记在纸上，随着任务一起发放下去。这样一来，众人方便执行，主事之人也便于查验。陈龙正讲了一个现在工作中经常用到的做法——工作清单制，可以明确责任、压实担子、促进履职，有利于推动各项工作的落实。

三、教子之道

教子之道，含《杂训》第十六条、第十八条、第十九条、第二十条、第二十一条、第二十二条、第二十三条、第二十四条、第二十六条、第二十七条等共十条，亦可谓教育子女的十个具体面向，内容篇幅仅次于治家之规，是《杂训》三大类中最具有时代价值的部分。

其一,《杂训》第十六条：

> 古有胎教之文，盖子之在腹也，成形成性，皆依于母。胎非可教，能自慎其身之谓能教也。目无斜视，耳无邪听，勿多言，勿大笑，勿盛怒，饮食勿过饱过饥，过冷过热，凡姜椒辛辣、葱蒜昏浊、橙橘酸寒等物，概止勿用。出入必遣侍婢前导，勿触不意，或致惊惶，则生子长年，且无疾病。男必清明强固，女必贞静幽闭。视生而治其疾痛、禁其非慝者，事逸而功倍之。夫是之谓胎教。圣人曰："习惯成自然。"不惟习于已生，亦习于未产，能慎在母，能令母慎在父，然则胎教乃为父者之事焉。

这条主要讲胎教。陈龙正认为，规范子孙后代的日常行为，要从源头上抓起，从注重胎教开始。他认为，"成形成性，皆依于母"，提醒孕妇"自慎其身"，注意言行举止。他要求孕妇控制自己的情绪，做到"目无邪视，耳无邪听，勿多语，勿大笑，勿盛怒"；还要注意饮食，"勿过饱过饥，过冷过热，凡姜椒辛辣、葱蒜昏浊、橙橘酸寒等物，概止勿用"。对于孕妇的照顾，也要特别注意，"出入必遣侍婢前导，勿触不意，或致惊惶"。这样生出来的孩子，才会身体健康，"男必清明强固，女必贞静幽闭"。陈龙正坚信，只有从人生的开始就注重端正言行、纯洁品行，才能"事逸而功倍"，孩子长大了才能习惯成自然。他还特别强调，胎教不单单是母亲的事情，父亲也有责任，"能慎在母，能令母慎在父"。这在传统家训胎教思想上更进了一步，强调了父母尤其是父亲的作用。

其二，第十八条：

> 耳目富，不如心绪清。养童蒙者，但使一切玩好游戏，绝于见闻，其为无益之益，当无穷也。多见人，多听议论，恐益其枝叶，损其根本，故童蒙贵少见闻。

这讲的是儿童见闻。陈龙正认为，“童蒙贵少见闻”，因此要少见人、少听议论、不玩游戏，耳目清净、心绪清晰。当时，社会发展非常缓慢，知识更新几乎停滞，人际交往圈子不大，他的这种观点，有其合理性。但是，这种闭塞耳目的说法，在社会发展迅速、知识日新月异的今天看来，是有很大问题的，既不利于儿童学习新知识，也不利于儿童身心健康，更不利于儿童的社会性成长。

其三，第十九条：

> 教儿之法，使饫闻善言，习见善事，深知义理。此乃传家之本谋。纵孩幼未有知，亦宜时来听习。但使十中仅晓一二，亦自有益。日浸月渍，积久自通。伊川先生言“教儿法贵在先入，不忧太早”，诚为至论云。

这是讲教育中的先入为主问题。陈龙正认为，教育儿童，要让他们“饫闻善言，习见善事”，这是传家之本。陈龙正所说的善言、善事，是儒家四书五经等经典著作及其延伸作品，从中可以看到儒家的义理。他认为，儒家思想高深，儿童听不明白，每次只能吸收一点，日积月累，时间久了，也能通达。宋理学家邵雍所说的“贵在先入，不忧太早”是至理名言。在此，我们也要考虑儿童对知识的接受问题，不单单是时间上的“日浸月渍”，而且还要有层次上的循序渐进，如此才能吸引儿童兴趣，促进儿童学习。

其四，第二十条：

> 高先生曰："子弟当知名节之堤防，读书之滋味，稼穑之艰难。"名教中之最当谨者，莫如财色。见财则利欲钻心，邻于盗贼；见色则男女无别，夷于禽兽。名教扫地，职此之由。读书非专指二经言，诸史子俱当细细体味。而立志必于读书者，其学有本，然后泛滥百家，皆取其益，不受其害。稼穑非仅谷食可惜，日用所须，无不由人力而生，即无不因稼穑而出。要当物物珍惜，勿使暴殄，惜物所以养福也。此三者，神而明之，可几古哲，守而勿失，亦不失旧家风味，而源远流长矣。

这是在讲名教、读书和稼穑的关系。陈龙正借用其老师高攀龙的话，提醒子孙后代要"知名节之堤防，读书之滋味，稼穑之艰难"。他认为，关于名教，最重要的是财和色，"见财则利欲钻心""见色则男女无别"就会导致名教扫地；关于读书，最重要的是儒家经典，这是根本，之后阅读诸子百家，才有鉴别能力；关于稼穑，不仅仅要知道珍惜粮食，还要晓得日用所需都是人力而为，都是从稼穑中得来的，因此要惜物养福，不能暴殄天物。陈龙正关于名教、读书和稼穑的解读，基于高攀龙又有所延伸，贯穿了他一贯的良善之心。

其五，第二十一条：

> 人自十五六以下，志识未定，记性偏清。一善言入耳，终身不忘;一邪言入耳，亦时时动念。先入为主，年少其尤。是以长愿亲朋，惠我子弟，勿述市井之事，尤戒媟秽之谈。或称贤圣高踪，或陈古今治迹，切无如孝悌忠信，泛不过山水图书。倘遇事情，兼备法戒，则请详于所是，略于所非，或节其委而弗同，或微其辞而弗露，使夫成人会意，小子忘错，既有益于人，亦自养厥德。

这是讲创设良好的家庭氛围和照顾受教者心理两个问题。陈龙正认为："人自十五六以下，志识未定，记性偏清，一善言入耳，终身不忘；一邪言入耳，亦时时动念，先入为主，年少其尤。”这就是说，人在十五六岁以下时，志识未定，听了好的话，便会终身不忘；听了不好的言论，也会时时动念，形成先入为主的恶劣影响。因此，陈龙正要求长辈们要眼光长远，一定不要在家中当着幼童的面谈论“市井之事”，更不要涉及“媟秽之谈”。他强调，在家里就要宣扬“贤圣高踪”，或者讲述“古今治迹”；如果遇到闯祸、犯过这类紧急情况，则要“兼备法戒”，动用惩戒的手段了。但是，施加惩罚也有策略，要照顾人情和受惩者的心理因素，要“详于所是，略于所非”。批评也要周详稳当，言辞不要过于露骨，最好“微其辞而弗露”，达到以微言大义收获言传意会的效果。

其六，第二十二条：

> 听人言语，务令毕遂，勿遏以及见，勿扰以他端。惟谈及市井淫媟者，则宜引古人嘉言，或举目前正事以淆杂之，勿令得竟其说，庶几养童蒙于至正，匡客过于未终。盖仓猝之间，子弟不及避，偶行此权以当塞违之道。或曰：“择人而交，不亦善乎？”曰：“固也。世衰道微，虽世俗所称雅客良朋，未免有不择言之病。择交为主，恶言已稀。雅人心悟微权，口过亦当渐化。”

这里主要讲的是交谈的礼仪。陈龙正认为，听别人说话的时候，不能用自己的意思强行打断，也不能用无关的话来扰乱，这是很重要的交谈礼仪。但是，如果别人说的是“市井淫媟”，那就要当机立断，引用“古人嘉言”，或者是举出“当前正事”，混淆过去，不能让别人一直说下去，这就是“养童蒙于至正，匡客过于未终”。因为，仓促之间、方寸之内，子孙后辈猝不及防，容易受到恶言侵袭，必须采取这种极端的办法。针对晚明颓势，人心不古，陈龙正特意提醒家人，“虽世俗所称雅客良朋，未免有不择言之病”，还是要谨慎交友，慎之又慎。

其七，第二十三条：

> 童子先入之言为主。予亲验三事：十余岁时，见了凡先生《训儿说》内一条云："凡听人语言未完，切勿搀前插口，使言者不得竟其说。"又云："凡食肉菜等物，从面夹取，勿使箸挑乱拣择。若与人共食，尤为可厌。"又云:"凡涕唾，须于僻远处，舟行则唾水中。"余条尚多，偶于此三事，触目不忘，遂永不敢犯。又一条云："发必自栉，若使人栉，是儿童时便习骄蹇懒惰之态也。"此则至今愧之。

这里主要讲的是儿童教育中的先入为主问题。《训儿说》(又名《训儿俗说》)是嘉善学者袁黄的家训名篇。陈龙正的父亲陈于王和袁黄是同乡兼同年，交情深厚。陈龙正非常尊重袁黄，袁黄对陈龙正也寄予了厚望。陈龙正读了《训儿说》之后，记住了"凡听人语言未完，切勿搀前插口，使言者不得竟其说""凡食肉菜等物，从面夹取，勿使箸挑乱拣择。若与人共食，尤为可厌""凡涕唾，须于僻远处，舟行则唾水中"等三条，终身谨记，受益匪浅。今天看来，这三条训言，是日常生活中的必备礼仪。一条家训讲到了不要插话，至于另外两条家训，既是关于卫生问题的，也是关于教养问题的，都很重要。《训儿说》中还有一条"发必自栉"，做官之人确实很难做到，不单单是让陈龙正感到惭愧，恐怕《训儿说》的直接对象、袁黄的儿子袁俨也很难做到。

其八，第二十四条：

> 子孙中生得一二贤才，虽使终其身为卑官布衣，必成世家名门矣。若止出卿相功勋，不过一时之盛，无当于传远。此其感应之故，全视发念垂教如何。

这是讲名望的重要性。陈龙正认为，子孙后代之中，如果能够出现一个贤德之人，即使他没有出仕做官，也必然会使自己的家族成为名门望族，比如孔子及其众弟子之家族。如果家里人才众多，出将入相，那不过是一时之盛，不会传之久远。为此，陈龙正强调，贤德之人的培养，全在于家庭教育，扣好人生的第一粒扣子至为重要。

其九，第二十六条：

> 袁职方有言："有子弟不能教诲，成何自修？"丁清惠公有言："好人独为不成，须子弟童仆同心学好。"先公常称道二言，为子弟者，不可不体此意。大抵童仆为非，必先饵幼主，及房族亲戚之不肖者，相与洽比。于是或乘主人衰老厌事，或远出宦游，遂无忌惮。故教训子弟者，主人之责也。敛饬童仆者，子弟之事也。子弟知自好，童仆必不敢独横于外。彼能掩主人之一耳一目，岂能遍掩众正乎？以身教者从，则又二先生言外之意。

这是讲教育的职责问题。陈龙正引用袁黄、丁宾两人的名言，说明主人负有教育子弟的职责，子弟也有教育奴仆的职责。他认为，一般来说，家中奴仆如要为非作歹，首先做的就是引诱家中年少子弟，以及远房族人和亲戚中的不肖者，相互勾连起来；等到主人年老体衰，或外出做官，奴仆就会肆无忌惮，唆使子弟一起作恶。因此，主人有教育子弟的职责，子弟有教训奴仆的职责。主人把子弟教育好了，奴仆也不会在外面为非作歹。至于正人正己，身教言教，这就是另外一个问题了。

其十，第二十七条：

> 意外之虞最难免，惟时时收敛可以免。能使子姓童仆人人谨慎，则无复意外。若其未能，则虽祸出意外，究竟只意内耳。

这里讲的是教育子孙后代和奴仆谨言慎行。陈龙正认为，人生在世，意外是在所难免的。但是，如果能做到注意收敛、小心谨慎，就可以避免受到更大伤害。如果不能谨言慎行，祸端看似意外，其实早就是注定的了。因此，谨慎二字，最为重要。

据史料记载，陈龙正有五个儿子，除陈更早逝外，还有陈揆、陈修、陈略、陈养等四个儿子，他们受到良好家风的熏陶，自幼勤奋好学、善于自治，成年后都颇有成就。陈龙正长子陈揆孝友笃学，能继承父志，明清易代之后主持编定了陈龙正的遗作《几亭全书》，还编撰了《陈祠部公家传》，为陈龙正思想的传播立下了大功；次子陈修博览群书，颇有学问，受到时人称赞；三子陈略聪明好学，崇尚古雅，也是一代儒者；四子陈养气节高尚，文章练达，为当时士林赞誉。陈龙正的孙辈之中，陈昌、陈秉、陈哲、陈庸、陈酤、陈伦、陈谋、陈道等人，也能继承陈氏家风，卓有成就。虽时易世变，但陈氏家族节俭、自律、谨慎、行善、重教的优良家风仍有其时代价值。

第十二章　醇儒巨品

据《陈祠部公家传》，曾推举陈龙正的御史李悦心称赞其为“盛代醇儒，经世巨品”，此语正好说明陈龙正以理学标榜而堪称“醇儒”，以经世之学名家而堪称“巨品”。需要修正的是，晚明时代，就其朝政而言，显然不堪“盛代”之称，反有“末代”之嫌；但就其所承继的宋明理学来说，则思想文化繁盛之余绪犹在，故可改“盛代”为“一代”，乃是一个政治社会世相光怪陆离，理学与经世之学生机勃勃、承上启下，中国历史上极为重要的时代。

值得注意的是，无论是理学还是经世，都与陈龙正之师高攀龙的影响有着密切的关联，因为理学与经世都是东林学术题中应有之义。“一代醇儒，经世巨品”，正好说明陈龙正乃是东林学派之杰出代表与江南士绅之精英人物。

一、一代醇儒

晚明党争不断，江南士大夫则是东林党与阉党之争的重要力量。陈龙正作为高攀龙的重要弟子，自然被贴上了“东林”这一标签。

陈龙正，少即聪颖，深受袁黄赏识，又与丁宾家族结亲，先师从同乡吴志远，因此人“抱世外烟霞之趣”，故陈龙正对于从政一事，亦颇为淡泊，更何况进士及第之时，已经年过五十了。又因为吴志远与高攀龙友善，加之同乡魏大中先已师从于高攀龙，故陈龙正后来师从于高攀龙，也是很自然的事情。再者，陈龙正起初以文章经济自负，中年之后则后悔其原先所学无本，最后“得复约身心之学”。他在高攀龙那里曾经“证学累日”，从此在身心性命的理学修养上，算是真正入门了。

虽说陈龙正与高攀龙交往时间很短，但其早年的老师吴志远、同学魏大中等人，其实都与高攀龙有着密切关联。而在高攀龙去世之后，陈龙正为了编辑《高子遗书》而研读其著作的时间颇长，可谓殚精竭虑。因为交往不多，故东林党与阉党的党争，其实陈龙正并未过多卷入，未被列入《东林点将录》。但他还是会被视为“东林党人”，其仕途不顺，也当与此有关。

就陈龙正的理学思想而言，确实主要就是渊源于高攀龙，以及受高攀龙等东林学者影响的诸如吴志远、魏大中等嘉善士人群体。黄宗羲《明儒学案》，将陈龙正列入《东林学案》之最后，且给予仅次于顾宪成、高攀龙、孙慎行、钱一本的较大篇幅，收入其小传与《学言》之精华，可见已将其列为东林学派的代表人物。但其小传重点在于论述其任中书舍人后的几次重要上疏，特别是“郊祀考辨”，这当是黄宗羲个人比较关心的问题。最后也论及其学术：

> 先生师事吴子往志远、高忠宪，留心当世之务，故以万物一体为宗，其后始湛心于性命，然师门之旨又一转矣。

黄宗羲指出，陈龙正的学术思想受到吴志远（字子往）与高攀龙（号忠宪）二人的共同影响，然最大的特点是“留心当世之务”。这正是“万物一体”思想的体现，“湛心于性命”也与从“万物一体”而转出的“生生为心”有关。黄宗羲另外指出，在陈龙正那里，得之高攀龙的东林学派宗旨“又一转矣”。这应当就是指陈龙正对东林学派原本关注的心性问题关注较少，特别明显的就是对于顾、高等人特别关心的“无善无恶”之辨，几乎全不涉及。陈龙正关于性命之论，已经是用“生生为心”的宗旨来贯穿天地万物一体，而这也是其慈善救济事业的思想基础。故黄宗羲的判断，虽然很简短，但牢牢抓住了陈龙正受东林影响的一面，也抓住了他开新自得的一面。

再者，陈鼎（1650—？）编撰的《东林列传》之中也列有陈龙正之小传，其中指出：

> 少师事无锡高攀龙，而与同里魏大中同学。天启辛酉，举京闱第三人。乙丑珰祸作，大中首被逮，送至锡山。因谒攀龙，证学累日。初以文章经济自负，自中年后悔其无本，一意反求身心，遂悟关键在存诚，而推行则在于爱人，其所为皆有体有用之学。……先生为人，内严毅而外忠厚者也。观其辑《儒统说》，以为本朝学术，自白沙金针于甘泉，杂禅于儒，其后诸家繁兴，立说弥肆，殊为斯道忧惧。今尽芟其悖道之语，存其正论，俾学者以为宗，虽谓诸家皆醇儒正学可也。噫！观其绝粒而死，与国偕亡，则节烈又凛然千古矣。

事实上，陈龙正早年师从吴志远，虽然少年时代就已认识高攀龙，但正式师从则是在中年以后。也即魏大中被逮，陈龙正送到无锡，方才正式拜谒高攀龙"证学累日"，从而改变了以文章经济而自负的状态，"一意反求身心"，最后认为：为学关键在于"存诚"，推行关键在于"爱人"，二者结合则为"有体有用之学"；而其"存诚"最终落实于"生生为心"的宗旨，其"爱人"则最终落实于同善会、义庄社仓以及荒政等慈善事业之中。陈鼎最后指出，陈龙正为人具有"内严毅而外忠厚"的特点，此气象必然与其继承东林精神有关。陈鼎接着评论其《儒统说》所述的有明一代之学术，陈献章（白沙）以及湛若水（甘泉）都有"杂禅于儒"的特点，后来的"诸家繁兴，立说弥肆"，应当是指王阳明心学兴起之后，阳明后学勃兴的局面。陈龙正与其师高攀龙等东林学者一样，对其中的"悖道之语"有所警惕，故而作《儒统说》，借以阐明"正论"。此外，陈龙正"绝粒而死，与国偕亡"，这种节烈精神"凛然千古"也是东林精神的体现。

另有清人在评价陈龙正时指出："盖嘉善当吴越交，明之理学，越则姚江，吴则东林诸公，先后往来订证其间，故师友渊源最深。”明代中晚期的理学，先是姚江的王阳明，再是东林的顾宪成、高攀龙。嘉善县正好地处吴越之交，像袁黄、丁宾等人受王阳明弟子王畿影响较深，到了魏大中与陈龙正则主要受高攀龙的影响。厘清师友渊源，对于理解陈龙正的理学思想，有着重要的指引意义。

故嘉善本地的学者，往往将陈龙正的学术渊源从高攀龙联系到王阳明。比如与陈龙正同时代的钱继登，他在为《几亭全书》作序时说：

> 往哲无暇论，今世所称万世学者之宗，非王文成、高忠宪两先生乎？文成幸遇其时，龙而见矣，然学者宗其学，未尝归专尚其功。忠宪不幸遘其穷，龙而潜且几于亢矣，而性学真传，至今奉为遗书，若云汉昭而日星璨。两先生者遇有穷通，学安有显晦哉？几亭私淑文成，有年于忠宪，则见面咨承其正脉。其学以见性明善为宗，以格物穷理为要；其密至于于穆粹不皇一物为体，其实至于修齐治平利济万物为功，其立根也深，故其沃枝也茂，见诸行事，发诸文辞，深而揉指性天，浅而研穷伦物。

钱继登（1594—约1673），字尔先，号篑山老人，嘉善人，官至佥都御史，著有《易篑》三卷、《经世环应编》八卷等。他也是当时著名的词人。他是钱士升的从叔，然年龄小了二十来岁，对嘉善的慈善救济事业也多有参与。在钱继登看来，明代学者中堪称“万世学者之宗”的只有王阳明（文成）与高攀龙两先生。比较而言，王阳明事功“幸遇其时”，故而属于“见龙”，但后世学者或宗其学，对其事功则并不特别崇尚；高攀龙“湛精性命经济之学，探研论著者数十年”，“不幸遘其穷”，故而属于“潜龙”“亢龙”，一生仕途多遭艰难，但其“性学真传”影响了一大批后学。由此推断，二人仕途、事功各有穷通、成败之别，然而学术之显晦则不分彼此。实际上，钱继登想说明诸如陈龙正其人，仕途也如高攀龙一样无法真正展开，学术则自成格局。在钱继登看来，陈龙正私淑于王阳明，正式受学于高攀龙而得东林

“正脉”，于是将其为学宗旨归纳为“见性明善”，而工夫则落在格物穷理上。“于穆粹不皇一物为体”与“修齐治平利济万物为功”指其“万物一体”的本体之学，而落实于“修齐治平”“利济万物”的事功。所谓“见诸行事，发诸文辞”，也是指陈龙正慈善救济的理论与实践活动。而这本就是从其“见性明善”之学生发而来的。至于如何实现“见性明善”之学的生发，则有必要补充其“生生为心”的主旨，方才形成完整的“有体有用之学”。

与钱继登看法相似的有陈龙正的学生佘一元，他曾为其师之《几亭全书》作序说：

> 明嘉善陈几亭先生，吾师也。先生理学经济，得孔孟真传，为一代大儒。……先生之书，大约以生生为宗，以人伦为重，以躬行实践为功夫，至于用世大意盖为民而事君也。……固自有人取吾师之书，率而循之以广其传，进可治民、退课治身，虽不能大用于当时，尚可大行于后世，庶几与程朱比烈矣。先生之书大抵宗高忠宪，即王文成犹微有同异，而大致相取，行之确有实效，求之妙有深旨。

佘一元认为，陈龙正得孔孟真传而为一代大儒，但其学术宗旨则为“生生”，也即“生生为心”，具体工夫落实在“人伦”与“躬行”之中，体现为“为民而事君”的用世事功，主要为其慈善救济事业。他还指出，陈龙正之学，虽然在晚明不能大行其道，但在后世尚可大行，且堪比程朱。梳理其学术渊源，则陈龙正学宗高攀龙，与王阳明“微有同异”，但“大致相取”。这当是指陈龙正对王阳明心性之学有所批评，但对其乡约、保甲制度以及“十家牌法”则非常认可而且大量借鉴，还编刊了《阳明先生乡约法》《阳明先生保甲法》等书，“确有实效”与“妙有深旨”也是指对王阳明地方治理政策的继承与发展。佘一元还在序言中说：

> 余昔受而卒业，迄今三十年来，虽仰企未克至，而尊行未敢怠也。……余少有志，科名己卯领乡荐，获售于先生之门，一见辄喜，

> 教之以言行必期尽善、勿不善，因授是书，俯而读仰而思，始知仕进非徒荣身，凡以安民也，遂殷然以利济为己任，身遭世变，性命苟全，功名念冷。值盛朝开科取士，欲以乂安百姓，遵触素愿，丁亥再试，受知于山右阴泰峰先生，与几亭先生同门友也。由是筮仕秋曹，调秩仪部，遵几亭师之遗意，而推行之，往往离合相间，久之力不从心，事不慊意，而病生焉。得请放归田里，于兹又十余年，每于师友讲求乡邦措施之际，靡不奉吾师之言，以为依归，不觉允惬。

崇祯十二年己卯，陈龙正为顺天府乡试考官，佘一元因此而成为门生，陈龙正当时就教导其“言行必期尽善、勿不善”。后来俯仰之际，佘一元认真研读陈龙正的著作，又效法老师“以利济为己任”；明清鼎革之后“功名念冷”，但又在陈龙正之友人阴泰峰为考官时中进士，任官时也遵循陈龙正之遗意而推行。后辞官归里，在乡邦之中继续推行陈龙正治乡措施。就此序言来看，佘一元一生深受老师陈龙正的影响，无论在官还是在乡邦，都在效仿老师之言行。

关于陈龙正的这位重要弟子，有必要多作一些补充。佘一元，字占一，号潜沧，山海卫人，顺治四年（1647）进士，官至礼部郎中，著有《潜沧集》。清代史梦兰《永平诗存》卷一引《临渝县志》说：“一元端方谨饬，时以清正称。告疾还里，闭户著言，屡徵不起。立社讲学，启迪后进，未尝以事干当事，若事关学校及地方兴革大务，必力为救正，远近倚为师表。康熙二十九年崇祀乡贤。”《四库全书提要》指出，佘一元的《潜沧集》七卷，卷一为《四书解》，卷二至卷六为杂文，卷七为诗。其《四书解》以小学为格物，而深讥朱子《补传》为非，从中也可以看出阳明、东林学术的影响。至于《次韵答张筑夫》一诗说“良知自是姚江旨，躬秉几亭夫子传”，表明佘一元虽对王阳明“良知”之旨深有赞同，然在躬行实践上完全依照其师陈龙正，故而入清之后为官清正，又早早归还乡里，关心讲学以及地方兴革大务，最终也成为一代乡贤。

此外，国外汉学家富路特、房兆楹主编的《明代名人传》之中的《陈龙正》

一传，主要叙述陈龙正生平，特别是任中书舍人时期几次上疏的过程，然后指出他作为一个思想家，观点与老师高攀龙一样，认为万物一体，故仍然将他放在东林学派思想家之列。该传也指出，与高攀龙对王阳明持批判态度不同，陈龙正对王阳明推崇有加，因为王阳明不仅是一位哲学家，同时还是一位伟大的政治家，他对王阳明在江西推行的乡约和保甲制度特别赞赏。所以该传强调陈龙正更以其社会政治著述闻名于世，因为陈龙正认为一个学者应该肩担治平天下的道义，并坚持认为只有积极参与社会与政治事业，才能完善自我修养。

事实上，陈龙正仅在某些哲学问题上的看法与高攀龙等人略有分歧，其好言事、倡实学、重民生的学术性格，则与绝大多数东林人士一般无二。陈龙正之所以被认为是“醇儒”，主要还是因为其厕身于东林之列。且不论陈龙正编刊《高子遗书》之影响，就其本人著述所体现的思想学术来看，其“生生为心”之旨为核心的思想体系，就是对高攀龙一系以程朱理学为基础而部分吸收阳明心学的东林学派思想的最好发展，当与顾宪成、高攀龙、孙慎行并列而为东林学派的代表人物。

二、经世巨品

陈龙正六十余卷的《几亭全书》，“言理学十之四，言经济者十之六”，故对其经世之学，当比对其理学作更多的探讨。

据《明史》对陈龙正的记载，他几乎只是一个“居冷曹，好言事”的中书舍人。《明史》还特别提到了陈龙正崇祯十一年所上的《养和》《好生》二疏，以及崇祯十五年所上的“拯困苏残”一疏。事实上，未被提及的《请正郊期疏》以及《生财》《平寇》《御边》三疏等，都曾得到崇祯帝的注意。

在《嘉善县志》之中，关于陈龙正慈善救济事业的记载并不多，只提到了崇祯十四年捐建同善会馆以及捐银五百两送学赡贫生、捐米五百石赈济胥五区贫民等事迹。陈龙正的小传被列入“理学”，然而与《明史》本传等一样，主要记载的还是其上疏，附带也论及其理学，只有一句“善理财而好施予”是对其地方治理的部分反映。乾隆《浙江通志》中的陈龙正小传大体类似，但作了一些补充。因为陈龙正理学之深厚，故而多次上疏讨论时政，能够“通达治体”，奏疏也都是“大本大计”，自然有助于治平之学：

> 师事梁溪高攀龙，得复约身心之学……荧惑守心，龙正历考古今事应，连进四疏，上感动，特谕厂督慎行。彗星见，复上疏，帝甚嘉纳。壬午，因罪己之诏，三上疏言时政。而西北垦荒之议起，遂乞归，纂辑遗书，为终焉之计。……龙正天性诚笃，通达治体，所奏论皆大本大计，非得于学道者深，未易及此。

然据陈龙正子陈揆所撰《陈祠部公家传》，陈龙正本是一个“视宦途如云水”的人物。他虽然在朝堂之上，“所论列皆国家大本大典大计”，然不过是一个肯对朝廷负责的中下级官吏。陈龙正从任中书舍人至拒任弘光朝的礼部祠祭员外郎，虽说仕途生涯并不太长，但在政坛上还是有着一定的活跃度，表现不俗。其著作之中保存了丰富的时论奏议，就是最好的证明。据《陈祠部公家传》，当时人乔可聘（1589—1675）就赞道：“顷来直言极谏，责难于君者，惟黄石斋、陈几亭两人耳。”也就是说，就敢于当面责难崇祯帝这一点而言，陈龙正可与黄道周（1585—1646，号石斋）相互媲美。

对崇祯朝时政的深刻认识，使得陈龙正对于仕宦之途始终无法真正投入。能够使得他积极实践的，还是民间的慈善救济事业，还是地方社会的治理。故就经世致用之学而言，虽然在陈龙正的那些奏疏之中也多有体现，他确实对于民生实事极有见地，但真正体现他在这方面的独特贡献，还是嘉善地方治理的系列著述。陈龙正一旦告假返回嘉善，“对家乡利弊诸事，都慨然而论”。特别是嘉善县同善会事业的发扬光大，从崇祯四年到其身殁，陈龙正自始至终都保持着极高的热情进行维系，以至于乡人认为其“热肠稍过”。陈龙正也有过解释：“人所以生，有煖气也。心冷者虽当其生亦鬼也。彼居乡杜门，不预一事，辄以为贤，此为招摇无耻者砭耳，非中庸之轨也。”在他看来，身为士大夫，若是居乡不问世事而自以为贤，则为招摇无耻之徒，并不符合儒家的中庸之道。在这一点上，陈龙正与同善会的创始者杨东明观点一致。杨东明《山居功课》卷一《筑堤捍水记》指出：

> 士君子居乡，动以闭户养重为高，以不在其位不谋其政为义，此在居常无事则可耳。若乃突遇水火之灾，值兵戈之变，遭岁时之荒，于是乎悉其谋猷，殚其力量，御灾捍患，保障一方。事平难定，退然养晦，若无事焉。若此者，岂非天生士人之意，而士君子立身救时之本分哉？

虽然孔子说“不在其位不谋其政”，但这只是在太平无事的年岁。若是遇到水火之灾、遇到荒年，则士人君子必须“殚其力量，御灾捍患”，必须积极投身于地方事业，立身而救时。

陈龙正在崇祯三年就开始践行其“以一方富室救济一方贫民”的救济之法，然后又继承杨东明、高攀龙等人的事业，大力发展同善会，并且进一步发展了朱熹所创的社仓法，发展了面向宗族为主的陈氏义庄以及义祠、义学。他还在灾荒之年全力投身救荒事业，特别是崇祯十五年完成的总结了历代荒政救济和自身荒政救济经验著录《救荒策会》七卷，以及保存在《几亭全书》之《政书》中的著述等，则是将慈善救济相关的经世之学，推到了一个新的高峰。

值得特别注意的是，陈龙正《学言详记九》曾说：“贫富之数，虽圣世不能一齐，但无大富，自可无大贫。”这种思想其实具有一定的前瞻性，即便是圣人在世，也无法实现贫富之均齐，但若社会上没有大富之家，自然也就没有了大贫之家。也就是说，富户与贫户之间的协调关系，当是社会发展的关键。陈龙正已经朦胧地注意到了这一点。

陈龙正对于历代救荒措施的总结及其本人倡行的救荒方略，在清代极受关注。如崇祯十四年（1641）大灾期间，陈龙正曾在嘉善倡行“粥担法”，用以救济穷乡僻壤之民，成效卓著。清代钦定救荒专著《康济录》对此有过详细的评述；光绪时的孙福清更赞称“至今讲荒政者，莫不奉为圭臬”。还有俞森所辑《荒政丛书》也辑录了陈龙正关于救荒的许多言论及事例，其中有一段，就讲到了陈龙正对于乡村赈济的主导思想。陈龙正认为总体上煮粥不如散粮，在饥荒时期将米豆等粮食运至乡村分派，搬运可让贫民承担，费用就以食物代替，不需虚费脚价，堪为赈济饥民的一种好办法；当然平粜法也是关键，官府应当努力发动包括富户、徽商在内的各种力量，聚集社会上的大部分米粮，从而平抑市价，防止不法之徒利用囤积来控制米价上下，将社会变乱的因素压至最低程度。

至于现代学者对于陈龙正经世之学的研究，则必须从日本学者沟口雄三说起。他的长文《所谓东林派人士的思想——前近代时期中国思想的展开》，现被收入新编的著作集《中国的历史脉动》。在此文中，陈龙正是讨论篇幅最大的东林人士，沟口雄三将其置于东林派的大群体之下来研究当时的政治、经济以及社会思想。此文当是目前对陈龙正的经世之学研究较为全面而重要的论文。文中指出，陈龙正作为地方士绅参与地方社会治理的改革，但他缺乏结构性问题的眼光，故而并无触及政治性大局的方案，只是局部性的改良。比如弃儿与乳母等问题，就缺乏对问题的根本所在的认识；再如有关女性穿耳、裹足风习以及女子嫁后无子被休的批判，揭示其周围社会的开明性已经广泛波及社会风俗的普通阶层；他的同善会讲语则显示出明末乡村的领导权实际已经掌握在乡绅富户阶层手中，也即由官民上下到贫富上下的支点转移。陈龙正提出了鲜明的地主阶层的历史性地位。像他这样的东林人士，在官是对抗皇帝的一元性专制体制，在乡则以中坚地主阶层的身份谋求主导权。他们其实主张了一种更为适当的政权分配方式，即组织一个建立在“公论”形式上的政府；他们坚信政治权力应该委让给地方精英，也即“分权公治”。

美国学者包筠雅指出，像陈龙正这样的“东林思想家意图的继承人”，主张地方领袖——文人、地主和乡绅——的“乡村霸权”，他们通过指导人民行为规矩，为穷人建立慈善机构，在饥荒时发起救济计划等等，来确保他们社区的秩序。加拿大学者卜正民也指出，地方士绅确实享有一种一般大众所不具有的优势，即呼吁地方行政官关心他们在本地事务的特权，这种特权为士绅对关系到地方利害的决定施加非正规的影响力打通了道路。然而在晚明时代，这种特权没有导向确认地方士绅对地方事务的统治权力的制度性革新，这样的发展在随后三个世纪也没有产生。

嘉善籍的冯贤亮先生是对乡贤陈龙正给予最多关注的学者。除了讨论陈龙正生平、著述的单篇论文外，他还在《太湖平原的环境刻画与城乡变迁》第十章与《河山有誓——明清之际江南士人的生活世界》第四章中，将陈龙正作为士绅的代表来加以讨论。后者论及了胥五区的社会实态、家族生活、乡区行政、地方责任、北运与均役、乡区救济、秩序稳定与治安问题、非宗族的乡绅社会等涉及陈龙正经世思想的各个方面。冯贤亮指出，陈龙正的一生及其丰富的社会政治活动，完全体现了一位在王朝末期忧生伤世、矢节忠义的士绅形象。虽说陈龙正的宦途并不顺利，社会地位也不如东林领袖那般影响巨大，但是后人却给予他很高的评价，这主要就是因为他的社会思想及其活动。陈龙正也曾在政府中枢机构有过较为活跃的言行，对晚明的动荡时局保持着深刻的认识，努力倡行地方慈善事业，积极从事明末大灾期间的救赈工作；还与东林党人保持着密切的联系，关注国家的社会政治发展，是晚明江南地区威望远高于县令的一位特殊人物。

此外，何勤华在其《中国法学史》一书中，认为陈龙正是明末律学家。他引用了《好生》一疏对陈龙正“省刑慎罚”尊重生命的观点作了介绍，还认为其《政书》对当时政治法律问题的阐述极有价值。事实上，目前学界对陈龙正限制君权、规范法律、明刑弼教等法律思想的研究则依旧缺乏。

结合上述学者的判断可知，像陈龙正这样的地方士绅，全心全意投入到地方慈善事业之中，这同时也是士绅群体对于地方社会的一种控制。其出发点是为了维护地方社会秩序的稳定，也就是实现地主阶层对以佃户为主的农民阶层的控制，只是这种控制不再由官方出面，而是由既区别于官方又和官方有着密切关联的、非官非民的士绅群体来进行。当然，这种地方控制并不能取代地方官员的作用，士绅群体也不会有超越地方官员进行实际统治的可能性，也即不会出现与地方实际的统治者——县令——争权的现象，故只是所谓“乡村霸权”而已。简言之，晚明士绅群体热衷于地方事务，并非为了超越于县令而获得地方的独立性。他们只是协助地方官员处理好地方事务，建构好地方的道德伦理秩序，而参与慈善事业则是士绅群体践行这种理念的最好方式。

明代中后期，特别是到了崇祯朝，因为官府贮蓄空乏，以及以里甲制为核心的基层行政组织无力，再加之市民社会兴起，商品经济发展，特别是江南地区社会流动性加快，故每到灾荒之年，传统的官方赈灾救济之法极难奏效。于是，地方上的乡绅富户渐渐成为赈灾救济的主导力量。

作为嘉善地方上最有影响力的乡宦，陈龙正所倡导的“以一方富室救助一方贫民”的原则，依托于各区、各大宗族，故在多次赈灾救济事业之中，都得到了很好的施行。他自己带头，且与官府有效配合，然后引导嘉善各区的乡绅，积极参与平粜，打击人为哄抬与囤积，有效地维护米粮市场的稳定，并积极投身于煮粥、散粮、施药、给棺等事业之中。这应当是大灾之年，嘉善县快速防灾减灾，从未发生大的疫情，也未出现哄抢以及动乱的重要原因。

陈龙正等人自发组织慈善机构，自发进行社会教化。他所推行的乡村治理政策，蕴含着一种阳明心学运动以来的新型态伦理观念：以士绅代替日益没落的里老、粮长行使社会救济与教化职能，利用乡约、会规规范社会秩序。陈龙正等士绅兼具官吏、地主与族长的三重身份，方才使他们可以利用政治、经济以及宗族的力量来支配地方社会，甚至取代部分官府的职能。

事实上，诸如陈龙正等地方士绅群体的领导者，因为深受儒家传统思想的教育，故而带领整个社会逐渐形成了人文与理性主义的趋向。基层社会的传统行政组织虽然逐渐让位于地方精英，但并不会真正出现地方精英与地方政府争夺控制权的现象发生，地方自治还是需要依靠官府的支持才能部分实现。地方社会秩序的稳定，在一定程度上会依赖于乡约、族规，或者诸如同善会等社会慈善组织的教化作用。陈龙正强调，在乡绅辅治的大背景下，社会各个阶层同善互助。但无论是在赋役改革还是赈灾救济的立法之中，他始终坚持首先保富，其次才是安贫。同善会所宣讲的“上中下三样人家，各有为善的法子”，其核心也不过是明太祖《圣谕六言》最后的“各安生理，毋作非为”二句。故而陈龙正治理社会秩序、宣扬社会教化，本质上就是维护以其本人为代表的士绅、富户地主阶层的利益，为此才在灾荒之年努力救济佃户、流丐等阶层。陈龙正《政书》明确指出：“富贵的一味宽洪爱人，贫贱的一味畏惧守法，行之久久，自然得力。”陈龙正所致力的不过是调和贫富差距，从而稳定社会秩序而已。

三、余论

陈龙正在其时代堪称英杰，然而作为儒者，生在乱世，真正确实可行的有所为之事业又在哪里？

清人李清在为《几亭全书》作的序中称赞道：“明道踵王文成，而得正偶高忠宪，先生死生之理备矣。”前一句说陈龙正“明道”堪比王阳明（文成），在经邦济世上有一番作为，后二句主要指陈龙正最后的从容就义，与其师高攀龙（忠宪）一样从容“得正”，无论生与死，都可谓深得儒者之理。

陈龙正留下了六十多卷的《几亭全书》，有着丰富的史料价值。其中既有《学言》等理学著作，又有《政书》《救荒策会》等经世著作，此外还有《同善会讲录》以及各种书信等诸多文献，可以说是丰富多彩的言行录，既反映了陈龙正本人的所思所行，同时也是晚明时代江南士绅生活的一面镜子。

作为晚明著名的思想家，陈龙正在中国思想史上有着重要的地位。无论在朝的奏疏，还是在野的荒政之论，特别是后者，从救济范围到救济对象，再到救济的具体措施，既有治标又有治本，部分观点带有尖锐的现实批判性和反传统性。身处明清社会转型之际的陈龙正，上承王阳明、高攀龙，下启黄宗羲、顾炎武、王夫之，将之归入启蒙思想家之列也不为过。他确实是一位身处晚明大变局的主动的思想者与行动者，从其政治、社会、经济、法律等相关的言论之中，也确实可以看到一定的近代民主意识的萌芽。

随着市民社会的兴起、商品经济的发展，晚明的江南地区已经与明初或更早的传统社会大不相同了。越来越多的江南士大夫，已经开始从晚明政治的死局之中惊醒。他们开始质疑或疏离党争，甚至放弃举子业，转而专心经营于地方社会秩序的治理，也即下层经世的事业。陈龙正博古通今，面对纷繁错杂的乱世，对于庙堂与江湖，对于政治与社会的种种弊病，其实都看得很清楚。一则固守于儒家传统，一则固守于地主阶层，故而他也免不了落于“粉饰”而难以“自慊”。他的许多观点与措施，本可以进一步而成为改革社会的利器，但往往点到即止，无法进行更深层次的批判。最终他以个体的殉节，告慰其一生致力的儒学与大明王朝，这恐怕不能算作陈龙正本人的遗憾，而是时代本身的局限而已。当然，就一个儒者而言，陈龙正已经实现了做一个实学实行的“真儒”“醇儒”，绝不是虚伪的道学家。

陈龙正曾在《几亭外书》卷一《随处学问》中说：

> 为真儒易，为醇儒难，康节、象山、阳明，莫非真儒，粉饰之心尽，自慊之意专矣。醇儒，非周、程、张、朱不能当，他人未免夹杂，是儒之醇者，真又不足言。而后世第求醇于议论，不问躬修，不探造诣，将举训诂浅夫、铺张伪士，而群目为正学也，醇儒反易得乃尔乎？

真儒、醇儒，其实都难。他所举的一类主要是心学家：邵雍（康节）、陆九渊（象山）与王阳明。陈龙正曾引高攀龙的话“使天下各得其所，亦只是自慊”，或还被认为粉饰太平，如王阳明就是如此。另一类则主要是理学家：周敦颐、程颢、程颐、朱熹。他们自然都是学问纯正的，后世学者大多“夹杂”。陈龙正想要成为一个有真才实干的“真儒”，除了议论，还要将理学落实于躬行修身，才能使自己成为造诣深厚的“醇儒”。据刘宗周之子刘汋的《刘子年谱录遗》，陈龙正曾评价刘宗周说：“先生一生学力，验于进退之间，可以无憾，足为后世模楷。”若就其在朝的多篇奏疏与在野的赈灾救济事业而言，陈龙正本人也正是将其一生学力在进退之间加以验证，故作为一个儒者，亦足为“后世楷模”！

诚如有些学者所指出，陈龙正在当时当地是一个威望远高于县令的特殊士绅，这并不是因为其还与东林党人保持密切联系，或是因为其与各任县令都关系融洽——比如县令李陈玉本是其同科进士，而是因为他确实在率先捐出自己米钱的同时，还创立了同善会、陈氏义庄以及胥五区社仓，提供了包括“粥担法”“散粮法”“建丐房法”“收弃儿法”等确实可行的救济措施。与此相互配合的，还有以他为主导，坚持了十多年的五十一次同善会宣讲，以及他的《救荒策会》等著述，这些因素共同作用而使他获得了嘉善官民的普遍尊敬。

清高宗乾隆二年（1737），嘉善知县张圣训捐俸创办魏塘书院，并专设六贤祠，此“六贤”即为丁宾、袁黄、魏大中、钱士升、曹勋与陈龙正。此后每年春、秋两季，嘉善官绅都会在此组织祭祀活动，纪念此“六贤”。陈龙正作为嘉善历史上最著名的儒者、乡宦之一，因其思想与著述，以及对嘉善地方所作出的贡献，必为后人所永远纪念。

附录

一、陈龙正年表

明万历十三年（1585），乙酉，1 岁

六月二十七日，陈龙正出生于浙江省嘉兴府嘉善县胥五区陈家。父陈于王，字伯襄，号颖亭，生于嘉靖三十三年（1554）；万历十四年（1586）中进士，历任直隶魏县、南直隶句容知县、刑部主事、南京工部虞衡司主事、湖广按察副使、湖广布政使司参政等；万历四十三年（1615）病逝，入祀嘉善乡贤祠。母盛氏。

明万历十四年（1586），丙戌，2 岁

陈龙正的父亲陈于王考中进士。

明万历二十三年（1595），乙未，11 岁

陈龙正热爱佛、道，时刻想要学习长生术，又试图学作和尚。陈于王听后反思说："吾为人无德，居官多罪，致生此儿，可奈何？"又说："儿为此言，不过避读书耳！"陈龙正非常惶恐，自此不再提佛、道。少年时期的陈龙正十分聪颖，深受袁黄赏识。袁黄对陈于王说："公二子皆贤，然少者孝思最深，所至不可量。"袁黄，生于嘉靖十二年（1533），逝于万历三十四年（1606），名黄，字坤仪，号了凡，嘉善魏塘人，万历十四年（1586）中进士，曾任天津宝坻知县、兵部职方司主事。袁黄之子袁俨，生于万历九年（1581），逝于天启七年（1627），天启五年（1625）进士，担任广东省肇庆府高要县知县，因救灾过劳死于任上。袁黄和陈于王是同科进士。袁俨娶陈于王之女为妻。

明万历二十六年（1598），戊戌，14岁

陈龙正开始学习八股制艺。刚开始下笔时，他便自觉不凡，从此一发不可收，开始接受儒家思想的洗礼。

明万历二十七年（1599），己亥，15岁

陈龙正跟随父亲陈于王住在南京，拜吴志远为师。吴志远，字子往，号蘧庵，万历十六年（1588）举人，与高攀龙、归子慕往来谈道，醉心心学。当年，陈龙正和丁氏订婚。

明万历二十九年（1601），辛丑，17岁

作诗《荻秋泛饮》，这是陈龙正现存最早的诗。

明万历三十二年（1604），甲辰，20岁

陈龙正娶丁氏为妻。丁氏出身于嘉善丁栅丁氏，其父丁铉，国子监生，曾任光禄寺丞，祖父丁寅。丁寅的弟弟丁宾，字礼原，号改亭，谥清惠，生于嘉靖二十二年（1543），逝于崇祯六年（1633）；明隆庆五年（1571）中进士，天启元年（1621）以太子少保、南京工部尚书致仕，后加封太子太保，曾任句容知县、监察御史、南京大理寺右丞、南京都察院右佥都御史提督操江等。丁宾乐善好施，常有贷款赈灾之壮举，在中国慈善史上具有很大的影响。该年，陈龙正得了痰疾，此后二十年间，他饱受痰疾的折磨。

明万历三十五年（1607），丁未，23岁

陈龙正的长子陈揆出生。

明万历三十六年（1608），戊申，24 岁

陈龙正的次子陈修出生。

明万历三十七年（1609），己酉，25 岁

陈龙正作诗《秋兴》（五首）。

明万历三十八年（1610），庚戌，26 岁

陈龙正作诗《自金陵之武昌江行杂兴》（八首）及《江船遇雨》《武昌辞亲》。

明万历四十三年（1615），乙卯，31 岁

十月中旬，陈于王病逝。陈龙正作文《遵先录序》，作诗《秋日感遇》《岁近重阳》。

明万历四十四年（1616），丙辰，32 岁

陈龙正作诗《夕泛志感兼呈所知》。

明万历四十五年（1617），丁巳，33 岁

陈龙正请李本宁为陈于王撰写行状，写信《上李本宁先生》。当年，他途经句容，祭拜了陈于王，并作诗《过句容初拜先祠》，深情怀念陈于王。作诗《暮春篇》。

明万历四十六年（1618），戊午，34 岁

陈龙正第四子陈略出生。陈龙正兄长陈山毓中举人。陈于王有子二人，长子陈山毓，字贲闻，生于万历十二年（1584），好读书，善文章，尤精于赋，万历四十六年（1618）举浙江乡试第一，天启元年（1621）病逝。陈山毓与陈龙正并称“陈氏双璧”。陈龙正作诗《题丁宫保撷芳馆》。

明万历四十八年（1620），庚申，36岁

陈龙正第五子陈养出生。陈龙正在嘉善县城构筑新居，作文《吴越武肃王宗谱序》。

明天启元年（1621），辛酉，37岁

陈龙正举顺天府乡试第三名。兄长陈山毓逝世，享年三十八岁。陈龙正作文《六义衍耦自序》《祭吴母张孺人》，作诗《重贞篇》（六首）并引。

明天启二年（1622），壬戌，38岁

陈龙正的母亲盛氏，因为陈山毓英年早逝，悲伤过度，随之逝世，享年六十九岁。陈龙正为陈山毓编订文集，私谥为“靖质”。陈龙正作文《从子皋文序》《靖质先生集序》《成子云诗集序》《近熟草自序》《书靖质先生自祭文后》，书信《奉吴子往师》《与王莪岗昆山》，作诗《徐州道中别友人》（四首）、《竹屋》、《东阿道中》。

明天启三年（1623），癸亥，39岁

陈龙正合葬双亲。

明天启四年（1624），甲子，40岁

陈龙正第三子陈更病逝。陈龙正作文《艾功记》。

明天启五年（1625），乙丑，41岁

陈龙正到无锡锡山谒见高攀龙，并拜高攀龙为师。高攀龙，生于嘉靖四十一年（1562），逝于天启六年（1626），字存之，号景逸，南直隶无锡（今江苏无锡）人，万历十七年（1589）进士，曾任行人司行人、广东省揭阳县典史，后辞官归家，重建东林书院，讲学二十余年。天启元年（1621），高攀龙重获起用，历任为光禄寺丞、太常少卿、大理寺右少卿、太仆卿、刑部右侍郎、都察院左都御史等职。天启六年（1626），魏忠贤打压东林党人，高攀龙不堪其辱，沉池自尽。崇祯初元年（1628），追赠太子太保、兵部尚书，谥号忠宪。陈龙正编辑《陶诗衍》，作文《〈陶诗衍〉序列》《祭魏忠节》《祭第三儿更》《课儿程说》，作诗《结屏》、《读书四乐》、《春季南还》、《重游武康山》（二十四首）、《园林杂典》、《归途赠友人》（二首），书信《乙丑京邸答揆宇》。

明天启六年（1626），丙寅，42 岁

陈龙正邀请画家为他与诸子彩绘天伦图。陈龙正亲自记载了诸子的样貌，并写下了赞与序，即《天伦图赞》并序，作文《大疑解》，作诗《闲居》。

明天启七年（1627），丁卯，43 岁

陈龙正作文《长子揆文序》《张云卿先生八十序》，书信《奉吴子往师》《林猬庵邑尊》，作诗《携揆儿登山庄》。

明崇祯元年（1628），戊辰，44 岁

陈龙正作文《医者脉论》《送医者病案》，作诗《春季南还》、《北归舟中》（十四首）。

明崇祯二年（1629），己巳，45 岁

元旦，陈龙正亲自卜筮陈于王的迁葬地点；八月初二日，迁葬陈于王于新址。陈龙正与吴志远订结姻亲，并商定聘礼等。陈龙正作文《勿查逃田》《勿报大户》《脾困喜春令》《生生草自序》，作诗《葬第三子更》、《于忠肃祠壁》、《山游》（五首），书信《复林邑尊》《蔡培自邑侯》《与曹峨雪庶常》。

明崇祯三年（1630），庚午，46 岁

元旦，陈龙正领悟“生生”思想。当年春夏，江南灾荒，导致嘉善等地米价大幅抬升，乡村百姓生活极其困难。此年起，陈龙正开始了乡村赈济事业。孟夏时节，陈龙正占卜出余杭天柱峰的北端，为他的母亲盛宜人的迁葬地。陈龙正作文《圣塘桥募疏序》《学道爱人记》《径山禅僧问答》《庚午修城报书》，书信《复屠思倦》，作诗《舟中》《野人鸣》《学道爱人歌为大司空丁翁赋》。

明崇祯四年（1631），辛未，47岁

对于争议数十年的嘉善县与嘉兴县、秀水县“争田事件”，陈龙正提出“复田说”，详细论述同府三县争田事件的始末。陈龙正与钱士升商定高攀龙文集的编辑方式。陈龙正作文《辛未会试公呈》《复田说》《群党解》《〈陶庵集〉序例》《〈高子遗书〉序例》《苍雪斋吟序》《跋〈高忠宪别友书〉》《书刘廷式娶盲女事后》，书信《与钱御冷宗伯》《复钱宗伯》《复蔡邑尊》《上丁大司空》，作诗《咏魏忠节公小像》、《同善会约》、《圣林》（二首）。

明崇祯五年（1632），壬申，48岁

春季，陈龙正倡导成立嘉善同善会并举行第一次会讲。自此至明亡，每年四季，嘉善同善会都会举办会讲。夏季，嘉善同善会举行第二次会讲。秋季，嘉善同善会举行第三次会讲。陈龙正与钱士升完成了《高子遗书》的编订。陈龙正编纂《阳明先生要书》，分为《传习录》及书、诗、奏疏、文移、策序、记说题跋杂著、墓表祭文等八类。陈龙正作文《〈阳明先生要书〉序例》《〈孝汇〉序》，书信《与沈君儒少参》《复钱御冷宗伯》《与曹峨雪庶常》《公启贡二山道尊》。

明崇祯六年（1633），癸酉，49岁

春季，嘉善同善会举行第五次会讲。夏季，嘉善同善会举行第六次会讲。秋季，嘉善同善会举行第七次会讲。秋季，陈龙正走访温州，针对防范海寇提出了六条建议。陈龙正作文《御海寇事宜六条》《理财疏》《题汇江吴先生志铭》《祭大宗伯骆乾沙老师》《公祭顾仲执》，书信《复吴绳如》《复蔡云怡道尊》《与朱勉斋户部》，作诗《斗丘》《守口箴》。

明崇祯七年（1634），甲戌，50岁

陈龙正考中进士，因为名列三甲之末，不能立刻授予官职，需要有守部三年的见习期。陈龙正请假返乡，禀明县官，自除吴江县籍。陈龙正拜谒刘宗周。刘宗周，生于明万历六年（1578），逝于清顺治二年（1645），字起东，号念台，浙江省绍兴府山阴县（今浙江省绍兴市）人。万历二十九年（1601）中进士，曾任顺天府尹、工部侍郎、吏部侍郎、都察院左都御史等。顺治二年，清兵攻陷杭州后不久，刘宗周绝食而死。陈龙正作文《侦探流寇情状十四条》《访举贤能疏》《稽考选法议》《甲戌诗五房同门稿序》《刘湛六制义序》《杨康侯制义序》《书中贵人刘扇》，书信《寄冉敦劬德安》《与孙若英》《示揆修两儿》《章济令吴江》《与丁伯生昆仲》《与顾叔夏》《公启署篆麦三府》《复马骏如邑尊》。

明崇祯八年（1635），乙亥，51岁

夏季，嘉善同善会举行第十四次会讲。陈龙正与诸人订立崇祯八年以后同善会赈贫平粜事宜。陈龙正作文《精择学臣疏》《乙亥春防流寇事宜》《巢舒二邑流寇述》《守饶保甲述序》《四子诗余序》《题丁清惠公赈施条约》，书信《与李邑尊（二）》《与李谦庵邑尊》《与张玉笥应抚》《与蔡云怡公祖》《与游龙犹青浦》《与朱勉斋》《致汪浚源山阴》《复张符久》《复袁槐湄老师》《复曹峨雪编修》《复钱塞庵相公》《寄塞庵相公》《与刘湛六》。

明崇祯九年（1636），丙子，52岁

陈龙正到北京，分校顺天府乡试。陈龙正作文《平流寇疏》《范氏五节序》《筹边议》，书信《复贾道乾盐台》《与钱去非》《复刘念台三书》《与贺弱庵佥宪》《复朱勉斋宪副》《寄吕东川铨部》《复顾海旸太仆》《与胡刚中》《示儿辈》《丙子顺天同门朱卷序》，作诗《舟滞河口寄淮安司理袁特丘》《玄墓观梅》。

明崇祯十年（1637），丁丑，53 岁

见习结束，陈龙正被授予中书舍人的职位。二月，陈龙正上奏乡试谒选名单，但由于名列卷末的胡维孚素行不端，引起舆论对于考选的质疑。陈龙正分别于四月二十七日、五月初七日、五月二十一日、六月初一日、六月初六日，共五次上疏为考选一事辩解。继《阳明要书》后，陈龙正又参订《朱子语类》。陈龙正作文《平寇五机》《朱弼成四书集序》《分考一回疏》《分考再回疏》《分考三回疏》《分考四回疏》《分考五回疏》《中书科条陈职掌公疏》《安攘策》《秘省典例序》《畿南刻治谱序》《西浙备兵杞言序》《两浙会规序》《掩骼会序》《用兵奇略序》《求言议》，书信《与钱龙门》《复吴子往师》《复顾都司》《与金伯玉》《复蔡云怡》《与李荆阳》《上张老师》《复李秀实》《寄桂（革华）生学宪》《与李灌溪》《示揆修辈》《与王俯裁印君》《与钱殷求句容》《与高汇旃仪部》《复蔡云怡》。

明崇祯十一年（1638），戊寅，54 岁

五月，天象异常，荧惑守心。崇祯帝下诏修省，陈龙正先后上疏。七月，陈龙正出使鲁藩。当年冬天，京城戒严，崇祯帝下诏要求诸大臣推举能够担当总督、巡抚之任的贤才，监察御史叶绍颙举荐了陈龙正。刑部主事赵奕昌上疏请求访天下真贤才，崇祯帝让他推举人选，赵奕昌也推荐了陈龙正。陈龙正没有得到提拔重用，但是他仍然喜好上疏言事。陈龙正作文《冬至迎阳疏》《再充好生之仁疏》《特阐揆职疏》《再阐揆职疏》《誉命终记》《平谷县学重修明伦堂记》《高子小传》《袁大司马墓表》《贞母吕令人墓表》《平寇议》《礼部封差公呈》《具题出缺呈》《选授中行呈》《浙刻治谱序》，书信《复蔡云怡宁前道》《复蔡云怡（二）《复蔡云怡（三）》《复蔡云怡（四）》《复蔡云怡（五）《复蔡云怡（六）》《与李唐吾兵垣》《与黄石斋》《复钱龙门》《复潘尔发》《复沈同江》《寄张老师》《示揆修略养诸儿》《复朱勉斋青州道》《复张二无》《致乔圣任按台》《与金正希侍御》，作诗《元宵忆家园》（二首）、《感怀》、《北郊陪祀》。

明崇祯十二年（1639），己卯，55岁

陈龙正提出“乞休”，但是没有得到批准。三载考绩届至，陈龙正被授予征仕郎，赠父廉宪公为通议大夫。陈龙正作文《遵旨陈言疏》《请正郊期疏》《恭进郊期考辨疏》《郊期考辨》《再申至月上辛之义疏》《郊期咨应》《遵旨详悉再奏疏》《分旬两用辨》《生财平寇疏》《示揆修略养（四书）》《漕运议》《参订朱子语类序》《钱塞庵相国纶扉奏草序》，书信《与叶瞻山南台》《复蔡云怡》《复蔡云怡济南道》《致凌铭柯、苏松道》，作诗《题真舫斋》《江行》。

明崇祯十三年（1640），庚辰，56岁

春季，嘉善县一带梅雨成灾。仲秋，陈龙正奉命册封辉府，请假返乡，遇到嘉善灾荒，开始规划相关的救荒事宜。陈龙正致信当时的嘉善县令李陈玉，希望能够减少漕运的数量。李陈玉，字谦庵，江西吉水人，陈龙正同科进士。崇祯七年（1634），李陈玉出任嘉善知县，秉公执法，颇有善政。陈龙正作文《为邑民请特遣官清积案疏》《转运救荒疏》《申明将才连坐之法疏》《早发得情之矜疏》《成天静风疏》《朱子经说序》《吴少卿海洲崇祀录序》《使雒五孩记》《赠后圣母祭礼议》《朱门重贞传》《东天民传》，书信《答高伯渊孝廉》《寄蔡云怡》《复李懋明》《与陈卧子》《复蔡云怡》《与戴上慎户垣》《寄金伯玉》《与卢紫芝》《与戴上慎》《寄刘念台》《与李乔之潮州思理》。

明崇祯十四年（1641），辛巳，57岁

陈龙正居家，长子陈揆构筑小室于屏林，预作陈龙正退休时的居所。初夏，槜李以西、苕西以北，暴发旱灾、蝗灾，灾情严重，米价暴涨。陈龙正设立义庄，丁氏以其妆奁捐助义田百亩。陈龙正订定陈氏义庄的运行规则。冬季，嘉善同善会举行了第四十次会讲。四月，陈龙正上疏朝廷请求辞去职务，但是没有得到允许。陈龙正作文《雇船迎运》《乞休疏》《仰体孝思疏》，书信《与金伯玉》《致钱塞庵》《与刘念台》《复曹县令》《与钱仲驭》《致熊汝望抚台》《致高汇旃学宪》《复蔡云怡》《答沈同江》《复刘瞰日》《致李雨然少参》《致熊汝望抚台》。

明崇祯十五年（1642），壬午，58岁

三月，陈龙正抵达北京，应诏陈言，进《生财》《平寇》《御边》三疏，后又进呈《用人探本疏》《分闱宿案疏》等。十一月十八日，陈龙正的妻子丁氏逝世，享年五十六岁。陈龙正作文《应诏陈言疏》《垦屯并重疏》《平寇安边疏》《用人探本疏》《进垦荒议疏》《徐贞明二书疏》《分闱宿案疏》《请止斋醮疏》《科场事宜题稿》《户垣垦荒议稿》《送垦荒议揭》《叶惟修幸列贤书揭》《庚辰特用题名记》，书信《答蔡云怡晋抚》《答蔡云怡》《复任玉仲恤刑》《示揆修略养》《与钱龙门京东道》《复王子房》《答王子房按院》《寄蔡云怡晋抚》《与杨扶曦户垣》《与王子房豫抚》《答王子房豫抚》《与黄澹岩道长》《答何松石口北道》《示揆等》《与钱仲驭》《示揆修等》《致徐虞求司寇》《与曹古遗兵垣》，作诗《将还朝同揆儿憩光隐轩观梅》《北行道上文武大臣》。

明崇祯十六年（1643），癸未，59岁

三月，陈龙正妻子丁氏的讣闻传至京师，陈龙正哀痛万分，归心似箭。十月，陈龙正听说李自成军攻破潼关，作诗《衣带间》，表达对国事的忧虑。给事中黄云师、监察御史黄澍等人以分闱案为借口攻击陈龙正。陈龙正上《剖析伪学疏》为自己辩解，但仍然被降一级调用。陈龙正作文《剖晰伪学疏》《再剖分闱疏案》《请归迁葬疏》《为副院张二无报闻疏》《轸疫施药疏》《答柯楚衡司理》《示揆略养》《戒役辨疑篇序》《投吏部堂呈》《送考功司揭》《程子详本序》，书信《致刘念台》《与陈仲谋工垣》《寄阴太峰给谏》《复李映碧掌垣》《致冯景鲁通州道》《寄蔡云怡晋抚》《答朱勉斋宣抚》《答杨扶曦》《致詹悫庵邑尊》《与施四明副院》《致任玉仲按台》《寄沈芳杨铨部》《答成玄升兵部》，作诗《雪中有以汲引事相当者笑而谢之》《丁孺人讣至》《肤功者已而见其人喜成四绝》《送刘念台先生还山》。

明崇祯十七年、清顺治元年（1644），甲申，60岁

正月十五日，陈龙正调任南京国子监丞。三月二十九日，陈龙正回到家乡嘉善，上奏要求致仕，同时把国子监丞印凭交给南京国子监祭酒。五月初一日，陈龙正获知北京陷落消息后，“惊恸屡绝”。五月初三日，陈龙正强撑病体，安葬妻子丁氏。七月，福王在南京建立弘光政权。陈龙正虽已闲居嘉善，但是仍被授予礼部祠祭员外郎官职。陈龙正三次乞休未被允准，但他也没有前去就职。秋季，嘉善同善会举行第五十一次会讲，仍强调孝顺父母、毋作非为的祖训，告诫地方百姓“自家性命还须自家保守”。十一月，陈龙正迁葬其父廉宪公于胥山南之百家泾。陈龙正作文《甲申弭变蠲赈事宜》《晋地分信固守疏》《文庙从祀议》《近儒应从祀者议》《祸福应从祀议》《从祀儒者不宜称名议》《追谥逊国诸臣议》《补式匽铭》《再愿铭》《祭蔡忠襄公》《蔡忠襄公抚晋奏议序》《阅李忠定集序》《投徐虞求太宰求代题致仕呈》《遗烈感臣记》，书信《与刘湛六》、《与刘湛六（二）》、《致蔡云怡晋抚》、《与陆子敏理刑》、《答陆子敏大梁道》、《复史道邻阁部》、《与叶瞻山侍御》、《答王玉铭户部》、《与杨扶曦》、《致姜燕及少宰》、《与詹壱庵》（二书），作诗《羁旅初归》、《梦刘文正湛六》、《有感》（二首）、《野处》、《季春朔济阳道始见桃花》（四首）、《屏林》（二首）、《题义塾壁》。

清顺治二年、南明弘光元年（1645），乙酉，61 岁

六月，清兵南下，南京陷落。闰六月初四日，陈龙正听闻刘宗周绝食而死，说：“死如念台，倒也干净。”他隐身嘉善胥五区的先祠，绝食七日。闰六月二十一日，陈龙正逝世，学者私谥“文洁”。闰六月二十六日，陈龙正与其妻丁氏合葬于屏林。陈龙正作文《侯王东崖相公》《投张赤函太宰求代题致仕呈》《再投张太宰呈》《孙坟感碑记》《祭吴子往师》。

清乾隆二年（1737），丁巳

陈龙正与丁宾、袁黄、魏大中、钱士升、曹勋等乡贤一起入祀嘉善县魏塘书院“六贤祠”，每年春、秋两季由官方组织祭祀活动。

二、明史·陈龙正传

陈龙正，字惕龙，嘉善人。父于王，福建按察使。龙正游高攀龙门。崇祯七年成进士，授中书舍人。

时政尚综核，中外争为深文以避罪，东厂缉事尤冤滥。十一年五月，荧惑守心，下诏修省，有“哀恳上帝”语。龙正读之泣，上《养和》《好生》二疏。略曰：“回天在好生，好生无过减死。皋陶赞舜曰‘罪疑惟轻’，是圣人于折狱不能无失也。盖狱情至隐，人命至重，故不贵专信，而取兼疑，不务必得，而甘或失。臣居家所见闻，四方罪犯，无甚穷凶奇谋者，及来京师，此等乃无虚月。且罪案一成，立就诛磔，亦宜有所惩戒，何犯者若此累累？臣愿陛下怀帝舜之疑，宁使圣主有过仁之举，臣下获不经之愆。”盖阴指东厂事也。越数日，果谕提督中官王之心不得轻视人命云。

其冬，京师戒严，诏廷臣举堪任督、抚者。御史叶绍颙举龙正。久之，刑部主事赵奕昌请访求天下真贤才。帝令奕昌自举，亦以龙正对。帝皆不用。龙正居冷曹，好言事。十二年十月，彗星见。是岁冬至，大雷电雨雹。十三年二月，京师大风，天黄日眚，浃旬不解。龙正皆应诏条奏，大指在听言省刑。

十五年夏，帝复下诏求言，云“拯困苏残，不知何道”。龙正上言：“拯困苏残，以生财为本，但财非折色之谓。以折色为财，则取于人而易尽，必知本色为财，则生于地而不穷。今持筹之臣曰设处，曰搜括，曰加派，皆损下之事，聚敛之别名也。民日病，国奚由足？臣谓宜专意垦荒，申明累朝永不起科之制，招集南人巨贾，尽垦荒田，使畿辅、河南、山东菽粟日多，则京仓之积，边军之饷，皆可随宜取给。或平籴，或拜爵，或中监，国家命脉不专倚数千里外之转运，则民间加派自可尽除。”然是时中原多残破，有田不得耕，龙正执常理而已。翌日复进《用人探本疏》，帝皆优容焉。

给事中黄云师劾其学非而博，言伪而辩，又以进垦荒议为陵竞。帝不问。时议欲用龙正为吏部，御史黄澍以伪学诋之。十七年正月，左迁南京国子监丞。甫抵家而京师陷。

福王立于南京，用为祠祭员外郎，不就。南京不守，龙正已得疾，遂卒。

赞曰：崇祯时，佥壬相继枋政，天下多故，事之可言者众矣。许誉卿诸人，抨击时宰，有直臣之风。然傅朝佑死杖下，姜埰、熊开元得重谴，而詹尔选抗雷霆之威，顾获放免。言天子易，言大臣难，信哉。汤开远以疏远处僚，侃侃论事，愤惋溢于辞表。就其所列国势，亦重可慨矣夫！

三、东林列传·陈龙正传

陈龙正，字惕龙，浙江嘉善人。

少师事无锡高攀龙，而与同里魏大中同学。天启辛酉，举京闱第三人。乙丑珰祸作，大中首被逮，送至锡山，因谒攀龙，证学累日。初以文章经济自负，自中年后悔其无本，一意反求身心，遂悟关键在存诚，而推行则在于爱人，其所为皆有体有用之学。年五十，登崇祯甲戌进士，授中书舍人。

戊寅五月，荧惑守心，龙正上《养和》《好生》二疏，规切时失。六月进《特简》《揆职》二疏，申责辅臣，以人事君之义，大忤执政。己卯十月，彗星见，诏求直言。龙正上《格心疏》，其略曰："语云'事天以实不以文'，臣请曰'事天以恒不以暂'。何谓实？皇上今日求言恤刑之诚是也。何言恒？愿皇上勿忘此求言恤刑之心也。盖星变有时弭，而直言无时不当受，人命无时不可哀。是心也，岂仅睹彗星而动哉？愿皇上岁岁存之，日日存之。"疏入，上甚嘉之。

未几，大雷电雨雹，龙正上《请正郊期疏》谓："先王以至日闭关，而后世以至日郊天，于礼殊戾。孔子对定公曰：'周之始郊，其月以日至，其日用上辛。'夫冬至不恒，遇辛则用辛，必冬至之月明矣。云至日者，则为冬至之日。云至者，则是日至之月，而非本月也。"上特命阁臣，会部议奏久之，驳上辛不便，应仍用至日。乃再进《郊期考辨疏》，御批数十言，从容清问，阁部皆恚。及三疏四疏上，卒格不行。龙正遂为《郊期咨应》一书，冀此礼明于后世，更著《东天民传》以见志。

庚辰，奉命册封辉府，因假归。壬午入都，应诏陈言，进《生财》《平寇》《御边》三疏，俱蒙优旨。又有《垦荒议》，投阁未进，而辅臣黄景昉先述以告上，一日举姓名问，他辅至，再无答者。既而户垣杨枝起，疏荐诸正，人复及是议，宜另缮本进呈。旨下，取览，龙正补疏上之，而终沮于部。又著《掌上录》，言兼足公私、申明宫府、内平、外却四事，而以格君心、择治人为本。录成，晋江蒋德璟请观，而梓传之。

癸未四月，朝局稍转，进《剖析伪学疏》。十月，闻闯逆破潼关，为词衣带间云："南箕静听常依主，北阙闲居也致身。"甲申正月，调南京国子监丞。三月，抵家求题致仕。

五月初，闻国变，惊恸屡绝，遂得疾。七月，南渡，迁礼部祠祭员外。龙正乞休再三，始允。乙酉六月，南都溃，得刘宗周殉节状，遂绝粒而死。

著有《学言》二十卷、《政书》二十卷、《文录》二十卷、《因述》二卷，为《几亭全书》行于世。学者称几亭先生。

外史氏曰：先生为人，内严毅而外忠厚者也。观其辑《儒统说》，以为本朝学术，自白沙传金针于甘泉，杂禅于儒，其后诸家繁兴，立说弥肆，殊为斯道忧惧，今尽芟其悖道之语，存其正论，俾学者以为宗，虽谓诸家皆醇儒正学可也。噫！观其绝粒而死，与国偕亡，则节烈又凛然千古矣。

主要参考文献

一、古籍

万历《嘉善县志》，明万历二十四年刊本

康熙《嘉兴府志》，清康熙二十一年刊本

雍正《嘉善县志》，清雍正十二年刊本

乾隆《浙江通志》，清乾隆元年重修本

光绪《嘉善县志》，清光绪十八年重修本

钱士升 :《赐馀堂集》，清乾隆四年刊本

丁宾 :《丁清惠公遗集》，明崇祯刻本，《四库禁毁书丛刊》集部第四十四册，北京出版社，1997 年

陈龙正 :《几亭全书》，清康熙刻本，《四库禁毁书丛刊》集部第十一、十二册，北京出版社，1997 年

陈龙正 :《几亭外书》，明崇祯刻本，《续修四库全书》子部第一千一百三十三册，上海古籍出版社，2002 年

陈龙正 :《救荒策会》，明崇祯刻本，《四库全书存目丛书》史部第二百七十五册，齐鲁书社，1997 年

陈鼎 :《东林列传》，江苏广陵古籍刻印社，1983 年

刘宗周 :《刘宗周全集》，吴光主编，浙江古籍出版社，2007 年

黄宗羲 :《明儒学案》，沈芝盈点校，中华书局，2008 年

祁彪佳 :《祁彪佳日记》，张天杰点校，浙江古籍出版社，2017 年

二、专著

夫马进 :《中国善会善堂史研究》，伍跃、杨文信、张学锋译，商务印书馆，2005 年

何勤华 :《中国法学史》（第二卷），法律出版社，2006 年

卜正民 :《为权利祈祷 : 佛教与晚明中国士绅社会的形成》，江苏人民出版社，2008 年

冯贤亮 :《太湖平原的环境刻画与城乡变迁 : 1368—1912》，上海人民出版社，2008 年

沟口雄三 :《中国的历史脉动》，乔志航、龚颖等译，生活 · 读书 · 新知三联书店，2014 年

富路特、房兆楹 :《明代名人传》，北京时代华文书局，2015 年

冯贤亮 :《河山有誓 : 明清之际江南士人的生活世界》，复旦大学出版社，2019 年

包筠雅 :《功过格 : 明清时期的社会变迁与道德秩序》，杜正贞、张林译，上海人民出版社，2021 年

张天杰、张瑞涛 :《蕺山学派研究》，商务印书馆，2021 年

三、期刊论文

冯贤亮 :《陈龙正 : 晚明士绅社会生活的一个侧面》，《浙江学刊》2001 年第 6 期

冯贤亮、林涓 :《陈龙正及其著述浅论》，《古籍研究》2003 年第 3 期

程彩萍 :《陈龙正荒政思想初探》，《重庆工商大学学报（社会科学版）》2010 年第 6 期

邓富华 :《明末陈龙正〈陶诗衍〉考论》，《贵州师范大学学报（社会科学版）》，2015 年第 3 期

王卫平 :《桑梓情深 : 陈龙正的救荒思想与实践》，《浙江学刊》2015 年

第 6 期

王卫平 :《做好人和行善事 : 陈龙正与嘉善同善会的慈善活动》,《历史教学》2016 年第 4 期

解扬 :《陈龙正治家 : 重蒙养善自治》,《中国纪检监察》2017 年第 11 期

冯贤亮 :《晚明的县域社会与绅士家族 : 以嘉善陈龙正为中心》,《苏州大学学报(哲学社会科学版)》2018 年第 1 期

四、学位论文

谢艳霜 :《陈龙正理学思想研究》,华南师范大学硕士学位论文,2009 年

黄森茂 :《晚明陈龙正乡村赈济思想与活动》,台湾大学硕士学位论文,2006 年

王欢 :《明末乡绅与地方慈善事业 : 以浙江嘉善陈龙正为中心的考察》,东北师范大学硕士学位论文,2010 年

邵婵 :《陈龙正法律思想研究》,陕西师范大学硕士学位论文,2018 年

后　记

崇祯三年（1630）元旦的那一天，陈龙正清晨起床，听到外面一声鸡叫，于是觉得胸中黯然，百无一事，此身似乎处于远古无怀氏、葛天氏的时代。猛然之间悟道，古今本是一回事，生死也本是一回事，孔子说“朝闻道夕死可矣”，此时此刻方才能够懂得。从此之后，无论应接何人、何事、何物，就觉得心中毫无沾滞了。

以上是陈龙正自述其悟道的经历，而真正改变其一生的，也就是在此年。这种改变除了学理的体证，还有将之落实于经邦济世的实践。也就是说，他的慈善救济事业，正好开始于此年。到了下一年，就开始了嘉善同善会的活动。这个慈善组织有着完善的制度，还有五十一次宣讲，成为晚明江南地区同善会的典范。同样成为典范的还有陈氏义庄与嘉善社仓。特别引人注目的则是崇祯年间几次灾荒时，他提出诸如平粜法、粥担法、散粮法、建丐房法、收弃儿法，嘉善士绅在他的带领之下共同救济，使嘉善的灾情、疫情得到特别有效的控制。这些措施被他记录在《政书》与《救荒策会》之中，后人也多有运用。所以说，陈龙正是一位真正实现觉民行道的晚明大儒。

我们在撰写这部传记的过程之中，细读其六十多卷的《几亭全书》，愈来愈觉其高山仰止，景行行止。跟着他的脚步，体会如何修养身心，如何体证生生为心，从而心怀天下苍生。从身边人、身边事做起，再到一个县域，乃至于天下，像陈龙正这样子实实在在，将其学、其行结合得如此自然而然的儒者，确实不可多得。故有此机会，是我们的幸运。

关于此书的分工，大体则是嘉兴大学张猛负责其生平与著述、家训以及年表等部分；杭州师范大学张天杰负责其理学思想、善学思想与实践、社会地位与历史影响等部分，并完成全书的统稿等工作。至于本书的体例，当归入通俗介绍人物的“评传”之属；各章之间也不求其平衡，希望重点突出陈龙正作为理学家与从事慈善事业的士绅，也即其一生之中成就最大、最有当代意义的两个方面，但其生平各种细节以及文学、法学等方面的成就则无法作更为全面的呈现。更为完备的传记，有待于将来《几亭全书》的点校出版，以及相关研究的深入开展。我们虽然接触浙西儒学研究有年，但接触陈龙正则时日不多，再加之学养浅陋，本书一定存在许多不足之处，恳请方家批评指正！

最后感谢中共嘉善县委宣传部、名人与乡贤研究会、档案馆等单位以及张敏华等嘉善学者对于本书出版的支持！感谢本书编辑的辛勤劳动！

张天杰

壬寅乞巧节于杭州之观颐山房